BEI GRIN MACHT SIC
WISSEN BEZAHLT

- Wir veröffentlichen Ihre Hausarbeit, Bachelor- und Masterarbeit

- Ihr eigenes eBook und Buch - weltweit in allen wichtigen Shops

- Verdienen Sie an jedem Verkauf

Jetzt bei www.GRIN.com hochladen und kostenlos publizieren

Jörg Oberkinkhaus

Grundlagen der behördlichen Risiko- und Krisenkommunikation

GRIN Verlag

Bibliografische Information der Deutschen Nationalbibliothek:

Die Deutsche Bibliothek verzeichnet diese Publikation in der Deutschen National-
bibliografie; detaillierte bibliografische Daten sind im Internet über http://dnb.d-
nb.de/ abrufbar.

Impressum:

Copyright © 2012 GRIN Verlag GmbH
Druck und Bindung: Books on Demand GmbH, Norderstedt Germany
ISBN: 978-3-656-70288-7

Dieses Buch bei GRIN:

http://www.grin.com/de/e-book/276356/grundlagen-der-behoerdlichen-risiko-und-
krisenkommunikation

GRIN - Your knowledge has value

Der GRIN Verlag publiziert seit 1998 wissenschaftliche Arbeiten von Studenten, Hochschullehrern und anderen Akademikern als eBook und gedrucktes Buch. Die Verlagswebsite www.grin.com ist die ideale Plattform zur Veröffentlichung von Hausarbeiten, Abschlussarbeiten, wissenschaftlichen Aufsätzen, Dissertationen und Fachbüchern.

Besuchen Sie uns im Internet:

http://www.grin.com/

http://www.facebook.com/grincom

http://www.twitter.com/grin_com

Studienarbeit

Grundlagen der behördlichen
Risiko- und Krisenkommunikation

Jörg Oberkinkhaus

Steinbeis Business Academy
S B A ■ ■ ■ ☐ ☐ ☐
Steinbeis-Hochschule Berlin SHB

B.A.

2009/2012

Grundlagen der behördlichen Risiko- und Krisenkommunikation

Verfasser:

Jörg Oberkinkhaus

Zeitraum der Studienarbeit:

12.03.2012 bis 03.05.2012

Vorwort

In verschiedenen Forschungsprojekten werden die Nutzungsmöglichkeiten von internetbasierten Informations- und Kommunikationsplattformen wissenschaftlich untersucht. Datenbasierte Informations- und Kommunikationssysteme befinden sich bereits als lokale oder regionale Einrichtungen im Einsatz, stellen aber aufgrund ihrer Begrenzung auf Belange der jeweiligen Organisationsform[1] und paralleler statt vernetzter Strukturen, bisher kein umfassendes Lösungsangebot für ein integriertes Krisenmanagementsystem dar[2]. Großeinsätze erfordern von der täglichen Gefahrenabwehr bis zum Katastropheneinsatz eine adressatenorientierte Kommunikationsmöglichkeit mit zielgruppenspezifischen Abstufungen. Seitens des Verfassers wird Einrichtung einer webportalbasierten Gefahrenabwehr als Informations- und Kommunikationsplattform für die Bevölkerung, die Medien und behördliche Nutzergruppen (Führungsstäbe, Fachbehörden etc.) als Lösungsvorschlag für behördliche Risikokommunikation, Krisenkommunikation und „Kommunikation in der Krise" angesehen. Ein solches Portal ist als zentrales Informations- und Kommunikationsmedium ausbaufähig und von jedem internetfähigen Zugang betretbar – Betriebsfähigkeit vorausgesetzt (z.B. Problem Stromausfall). Das Portal stellt eine sinnvolle Erweiterung und mit geringem Aufwand eine gestaltbare Ergänzung bestehender Informations- und Kommunikationswege dar. Die Studienarbeit zeigt die theoretischen Grundlagen der Kommunikation auf, beschreibt Kommunikationsmodelle und die Begriffe Risiko- und Krisenkommunikation, Möglichkeiten behördlicher Kommunikation und die Bedeutung der Medien als „Transportmittel" des Kommunikationsgegenstandes. Die auf der Studienarbeit aufbauende Projektarbeit stellt erweiternd die praktischen Umsetzungsmöglichkeiten sowie weitere bestimmende Elemente vor (u.a. Informationsmanagement in der Gefahrenabwehr, Warnung der Bevölkerung als Ergänzung der Risiko- und Krisenkommunikation, Informationsverhalten im World Wide Web).

Heppenheim, den 03.05.2012   Jörg Oberkinkhaus

---

[1] Feuerwehren und Hilfsorganisationen, aber auch kommunal begrenze Organisationstrukturen der Gefahrenabwehr oder Leistellenbereiche

[2] vgl. Bundesministerium für Bildung und Forschung BMBF [2009]: S.5 f

Inhaltsverzeichnis

Seite

Abbildungsverzeichnis

Abkürzungen

BBK	Bundesamt für Bevölkerungsschutz und Katastrophenhilfe
BfR	Bundesinstitut für Risikobewertung
BMI	Bundesministerium des Inneren
BMBF	Bundesministerium für Bildung und Forschung
DV	Dienstvorschrift
ELDA	Elektronische Lagedarstellung
IuK	Information und Kommunikation
KKW	Kernkraftwerk
KFÜ	Kerntechnische Fernüberwachung
KS	Katastrophenschutz
ÖRK	Österreichisches Rotes Kreuz
PDV	Polizeidienstvorschrift
RWE	Rheinisch-Westfälische-Elektrizitätswerke
SSK	Strahlenschutzkommission
StörfallV	Störfallverordnung

1   Einleitung

Webportalbasierte Kommunikationswege und -instrumente können ein vernetztes organisationsübergreifendes Informations- und Kommunikationsangebot darstellen. Die Projektarbeit des Verfassers thematisiert die *Etablierung eines Webportals „Gefahrenabwehr"* – *Informations- und Kommunikationsplattform für Bevölkerung, Presse und Behörden* im Kreis Bergstraße, wobei hier eine überregionale Vernetzung erfolgt: https://gefahrenabwehr.kreis-bergstrasse.de .Die Studienarbeit zeigt mit dem Titel „Grundlagen der behördlichen Risiko- und Krisenkommunikation" die theoretische Basis des Projektes auf (Kommunikationsmodelle), erläutert die Begriffe „Kommunikation" und „Information" und stellt die Grundlagen der Risiko- und Krisenkommunikation, deren behördliche Umsetzung , sowie die Bedeutung der Medien in diesen Kommunikationssystematiken dar. In der Projektarbeit werden dann unter anderem die praktischen Umsetzungsmöglichkeiten vorgestellt (Informationsmanagement in der Gefahrenabwehr, Warnung der Bevölkerung als Ergänzung der Risiko- und Krisenkommunikation, Informationsverhalten im World Wide Web etc.)

2   Grundlagen zur Projektfragestellung

2.1   Gefahrenabwehrplanung im nuklearen Katastrophenschutz

Im nuklearen Katastrophenschutz orientieren sich die Maßnahmen der Gefahrenabwehrbehörden für Einsatzvorbereitung und Ereignisfall an den „Rahmenempfehlungen für den Katastrophenschutz in der Umgebung kerntechnischer Anlagen"[3]. Hier werden u.a. Bereiche wie „Aufstellung von Katastrophenschutzplänen", „Alarmstufen und -maßnahmen" und „Evakuierungsmaßnahmen" thematisiert. Ziel der Rahmenempfehlungen ist eine bundeseinheitliche Planung der Katastrophenabwehrmaßnahmen durch die betroffenen Bundesländer mit kerntechnischen Anlagen, ohne dabei in länderspezifische Verfahrensweisen regulierend einzugreifen. Auf der Grundlage der „Rahmenempfehlungen" wurde durch die Katastrophenschutzbehörde des Kreises Bergstraße der „Katastrophenabwehrplan für kerntechnische Störfälle – Kernkraftwerk (KKW) Biblis" ausgearbeitet[4].

---

[3] Strahlenschutzkommission (SSK) [2008]

[4] Stand 2010, eine redaktionelle Fortschreibung erfolgt alle zwei Jahre, eine Aktualisierung der

Ergänzt werden die Rahmenempfehlungen durch den „Leitfaden zur Information der Öffentlichkeit in kerntechnischen Notfällen"[5]. Der Leitfaden soll im Ereignisfall den Gefahrenabwehrbehörden eine zielgerichtete Reaktion auf das allgemeine Informationsbedürfniss der Öffentlichkeit ermöglichen, mit der Intention einer klaren, eindeutigen, verständlichen, lagegerechten und widerspruchsfreien Information[6] (Krisenkommunikation) .

2.2   Die nukleare Katastrophenschutzübung „Biblis 2008"

Die Projektgrundlage wurde durch die länderübergreifende nukleare Katastrophenschutzübung „Biblis 2008" (12.09.-13-09-2008) geschaffen. Die Erprobung der Katastrophenschutzplanungen für ein Ereignis im Kernkraftwerk Biblis bildeten die Basis für die Vorbereitung von „Biblis 2008", der bereits vergleichbar ausgerichtete Übungen in den Jahren 1995 und 2001 vorausgegangen waren. Das generelle Übungsziel von „Biblis 2008" waren die Bewältigung eines nuklearen Unfalls im Kernkraftwerk Biblis und die Überprüfung der im Katastrophenabwehrplan für kerntechnische Störfälle (KKW Biblis) vorgesehenen Vorsorge- und Schadensabwehrmaßnahmen auf ihre Anwendbarkeit und Effizienz[7].

2.2.1   Teilziele der nuklearen Katastrophenschutzübung „Biblis 2008"

Spezielle Teilziele der Übung wurden durch Übungsbeobachter begleitet und interdisziplinär evaluiert[8]:

- Stabsarbeit in mehreren Schichten
- Öffentlichkeitsarbeit/Pressearbeit
- Kommunikation zwischen den beteiligten Bundesländern, dem Kreis Bergstraße, dem Regierungspräsidium Darmstadt und den Nachbarkreisen (horizontale und vertikale Kommunikation)
- Aufbau einer Kommunikationsstruktur
- Ausgabe von Kaliumjodidtabletten

Kontaktdaten jährlich (Papierform, CD), wobei in der behördenzugänglichen EDV-Version Aktualisierungen sofort hinterlegbar sind.

[5] SSK [2007]

[6] ebd. S. 3

[7] Koob, H. [2010], S. 203 ff.

[8] Oberkinkhaus, J. ; Koob, H., Müller, M. [2009]: S. 29 ff.

- Einrichtung und Betrieb einer Messzentrale
- Aufbau und Betrieb von Notfallstationen
- Planung und Durchführung einer fiktiven Evakuierung

2.3   Informationstransfer der Stabsarbeit der nuklearen Katastrophenschutzübungen „KKW Biblis"

Im Rahmen der bisherigen Übungsszenarien zum nuklearen Katastrophenschutz im Umfeld des KKW Biblis wurden radiologische Lage, Prognosen der Strahlenschutzfachberater, Ausbreitungsberechnungen, allgemeine Lagedarstellungen, Lagebilder, Pressemitteilungen, Information der Bevölkerung in Verhaltensmaßnahmen, Empfehlungen und Anordnungen transformiert und über das Verbindungsmedium IuK-Zentrale[9] per Funk, Telefon oder Fax an die beteiligten Nachbarstäbe, Behörden, Dienststellen und operativen Einheiten (z.B. Notfallstationen) verteilt - eindimensional in Papierform auf schwarz-weiß Faxen ohne ausreichende Visualisierbarkeit der dargestellten Inhalte[10]. So basieren die Entscheidungsprozesse der beteiligten und betroffenen Katastrophenschutzstäbe auf den verfügbaren und vermittelten, aber auch nachvollziehbaren Informationen der einsatzführenden Katastrophenschutzbehörde[11], hier können gesicherte Prozesse der Stabsarbeit nur durch eine mehrdimensionale Informationsübertragung erfolgen (farbige Lagebilder, Texte, Videokonferenz etc.).

3   Projektfragestellung und Lösungsvorschlag

Ausgehend von den Erfahrungen der bisherigen Übungslagen zum KKW Biblis, dem „Leitfaden zur Information der Öffentlichkeit in kerntechnischen Notfällen", den „Rah-

---

[9] Die IuK-Zentralen (Information- und Kommunikation) sind die technischen Verbindungen der Katastrophenschutzstäbe für die ein- und ausgehende Kommunikation, im Regelfall per Funk, Fax und Telefon.

[10] Das Verfahren der Faxübertragung vom KS Stab des Kreises Bergstraße zum Regierungspräsidium Darmstadt als übergeordnete Katastrophenschutzbehörde wird als „standardisiertes Verfahren" bezeichnet, weil dieses Procedere per Erlass als „Standard" der Kommunikation und Informationsübertragung festgelegt worden ist.

[11] Für Ereignisse des nuklearen Katastrophenschutzes im KKW Biblis ist die untere Katastrophenschutzbehörde des Kreises Bergstraße die einsatzführende Einrichtung der Gefahrenabwehr (Hier sind im Ereignisfall auch die Fachberater Strahlenschutz verortet, wird die Auswertung der kerntechnischen Fernüberwachung KFÜ und der elektronischen Lagedarstellung ELDA durchgeführt etc.)

menempfehlungen" und der Anforderung an eine adressatenorientierte Kommunikationsmöglichkeit in der täglichen Gefahrenabwehr und im Katastropheneinsatz, ergeben sich die zentralen Fragestellungen für die Projektarbeit:

- welche Nutzgruppe[12] (Adressaten) benötigen welche Informationen?

- wie können benötigte Informationen zur richtigen Zeit, im richtigen Format dem richtigen Adressaten (Bevölkerung, Presse und Behörden) zur Verfügung gestellt werden?

- welche Möglichkeiten des Informationstransfers bestehen im Rahmen der Risiko – und Krisenkommunikation?

Als Lösungsvorschlag wird die Einrichtung einer webportalbasierten Informationsplattform angesehen, mit einem offenen Zugang für die Bevölkerung und einer abgestuften Zugangsberechtigung für die gesonderten Untergruppierungen „Presse" und „Behörden", sowie formulierten Zielvorgaben und Kernfunktionen[13,14]:

- Informationen und Daten zusammenfassen, aufbereiten und bereitstellen

- Informationsflut eindämmen

- Entscheidungen auf eine fundierte Grundlage von gesicherten Informationen stellen

- Reaktionszeiten verkürzen und Handlungssicherheit erhöhen

- Fachwissen bündeln

- Informationsaustausch und Kommunikation durch Vernetzung.

Für die Katastrophenschutzübung „Biblis 2008" wurde eine webportalbasierte Kommunikationsplattform als regionales Experiment mit auf bestehenden EDV Infrastrukturen (Microsoft SharePoint) kostenneutral geplant, eingerichtet, im Übungsverlauf getestet, evaluiert und anschließend weiterentwickelt[15].

---

[12] Führungsstäbe und Katastrophenschutzstäbe, Leitstellen, Einsatzleitungen vor Ort, Behörden und Dienststellen, Pressestellen, Medien, Bevölkerung, vgl. S. 6

[13] Oberkinkhaus, J. et al [2008]

[14] Das Projekt ist seit Juni 2010 auch als Bestandteil des Projektes „Information der Öffentlichkeit" des Arbeitskreises Notfallschutz der Strahlenschutzkommission (SSK) beim Bundesumweltministerium integriert.

[15] Oberkinkhaus, J.; Koob, H. [2010], S. 20 ff

Das Portal dient als Produkt einer Bedarfsanalyse im Bereich der Pressearbeit auch zur Information der Medien bei größeren oder außergewöhnlichen Schadensereignissen: Bei Großeinsätzen werden die örtlichen Einsatzleitungen durch die Pressevertreter vor Ort in ihrer eigentlichen Aufgabe eingeengt, gleichzeitig benötigt die Presse Sachinformationen zum Einsatzgeschehen und will in ihrem lokalen Wirkungsbereich auch vermehrt über presserelavante Einsätze des Alltagsgeschehens informiert werden[16].

4 Kommunikation und Information

4.1 Kommunikation, Information, Koordination und Nutzergruppen

Neben der „Kommunikation" nimmt die „Information" einen zentralen Stellenwert in der Gefahrenabwehr ein, so dass die Bereiche „Kommunikation", „Information" und „Koordination" eng miteinander verflochten sind: Keine Information ohne Kommunikation, keine Maßnahmenkoordination ohne Information und Kommunikation (Abb.1). In dieser Vernetzung finden sich auch die beteiligten Akteure und Nutzergruppen wieder, die einen unterschiedlichen Informations- und Kommunikationsbedarf aufweisen:

- Führungsstäbe und Katastrophenschutzstäbe
- Leitstellen
- Einsatzleitungen vor Ort
- Behörden und Dienststellen
- Pressestellen
- Medien
- Bevölkerung[17]

---

[16] Der Informationsanspruch ergibt sich aus dem Hessischen Pressegesetzes (HPresseG; §3, Absatz 1: „Die Behörden sind verpflichtet, der Presse die gewünschten Auskünfte zu erteilen".

[17] Wohn- und Aufenthaltsbevölkerung

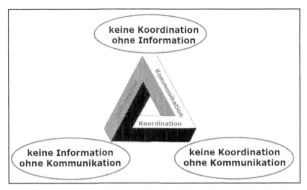

Abb. 1: Vernetzung von Kommunikation, Information und Koordination

4.2 „Kommunikation" – eine Begriffsdarstellung

Unabhängig von der Betrachtung verschiedener Kommunikationstheorien lässt sich der Begriff „Kommunikation" in seiner Vielfältigkeit auf grundlegende Eigenschaften reduzieren, wie beispielsweise von Hehlmann dargestellt: „(…) Verbindung, Mitteilung, Ver-
ständigung; sozialer Kontakt im Sinne des Empfanges oder Gebens von Informationen; heute allgemein die zwischenmenschliche Verständigung durch Signale, Zeichensys-
teme, Sprache (…)"[18]. Brunner und Zeltner betrachten Kommunikation als „(…) soziale Interaktion, bei der Informationen zwischen zwei oder mehreren Personen mit Hilfe eines Kommunikationsmittels ausgetauscht werden (…)"[19]. Systemtheoretisch wird als Vorstufe zur Darstellung von Hehlmann unter „Kommunikation" bereits die vorange-
gangene nonverbale Wahrnehmung einer anderen Person definiert „Dort wird Kommu-
nikation als einfachstes Sozialsystem verstanden. Dieses entsteht durch das Reflexiv-
Werden der Wahrnehmung von zwei Personen: Nehmen beide Personen die jeweils andere Person wahr und nehmen beide Personen zudem wahr, dass die jeweils andere Person sie wahrnimmt, so entsteht daraus ein System – und interpersonale Kom-
munikation in ihrer einfachsten, nonverbalen Form beginnt. Zur Selbsterhaltung braucht das System mehr Struktur, die durch den sprachlichen Kanal geliefert wird (…)"[20]. Buerschaper bezeichnet Kommunikation als „(…) die Interaktion von Menschen und auch den Inhalt dieses Informationsprozesses (…)",[21] verweist aber auch auf die

---

[18] Hehlmann, W., [1965], S. 305

[19] Brunner, R,; Zeltner, W. [1980], S. 117

[20] Goersch, H.G., Werner,U. [2012], S. 66

[21] Buerschaper, C. [2005], S. 41

Mehrdeutigkeit des Begriffes. Im Kontext der „Human Factors" in Risikobranchen geht Hofinger in der Betrachtung von „Kommunikation" konform mit Buerschaper, auch sie beschreibt die Interaktion und Information als zentrale Elemente und verweist auf unterschiedliche Begriffsverständnisse von „Kommunikation" als[22]:

- *technische Fragen der Übermittlung von Informationen*
- *Sprachtheorie*
- *Wahrnehmung und Verarbeitung von Sprache und Zeichen*
- *Standardisierung von Kommunikation und*
- *Gestaltung von Prozessen und Beziehungen in Organisationen*

Das psychologische Wörterbuch[23] sieht Kommunikation ebenfalls als Vorgang der Informationsübertragung durch Kommunikator (Sender) und Kommunikant (Empfänger) an, wobei als Kommunikationsmittel sprachliche oder nichtsprachliche Zeichen auf unterschiedlichen Kommunikationskanälen Verwendung finden (akustisch, optisch, face to face oder Massenmedium).

Im technisch geprägten Umfeld der Gefahrenabwehr wird der Begriff „Kommunikation" auch entsprechend „technisiert" und überwiegend den Kommunikationsinstrumenten (Funk, Telefon, Fax, PC als Kommunikationsausrüstung) eine zentrale Bedeutung im Kommunikationsbegriff zugeordnet „(...) Besser zu viel Funkgeräte als zu wenig (...)"[24]. Kommunikationsprobleme bei Übungen und Einsätzen werden hier vor allem auf Mängel im technischen Ablauf oder der Organisation des technischen Ablaufs reduziert[25].

„Kommunikation" umfasst aber auch eine psychosoziale Komponente: Durch Tonfall, Gestik und Mimik werden in der Kommunikation zusätzliche Signale gesendet, die den Kommunikationsgegenstand verstärken, abschwächen oder ganz im Gegensatz dazu stehen können.

Unabhängig von der psychosozialen oder technischen Betrachtungsweise des Kommunikationsbegriffs dient Kommunikation dem Austausch, dem Transport oder der Übermittlung von „Informationen" in sozialen Systemen - diese Informationen werden

[22] Hofinger, G. [2012], S. 143

[23] Dorsch, F. et al [1987], S. 343

[24] Graeger, A., Cimolino, U. et al [2003], S. 174 ff.

[25] Der Themenbereich „Kommunikation" erweist sich aber in seinem Ablauf immer wieder als „wicked problem" - Kommunikation bedeutet aber auch in der Gefahrenabwehr nicht „nur" Miteinander funken: „Hannibal überschritt die Alpen mit zwei Heeresteilen - ohne Funkgeräte", Rechenbach, P. [2010], Folie 9

zum Gegenstand der Kommunikation. Dabei kann die Informationsübertragung und damit die Kommunikation innerhalb dieser Systeme auch auf rein technischer Ebene zwischen technischen Systemen stattfinden, oder in einem technisch-menschlichem Mischsystem (beispielsweise das Monitoring in der Intensivmedizin: Der Zustand eines Patienten wird technisch überwacht, Zustandsveränderung werden optisch und akustisch kommuniziert). Bei der Betrachtung von „Information" (als durch Kommunikation von einem Kommunikator vermitteltes „Objekt") liegt der Verwertungszusammenhang beim Kommunikanten als Rezipient, d.h. dieser entscheidet wie die Information von ihm verwertet wird.

4.3   „Information" – eine Begriffsdarstellung

Begrifflich wird „Information" eng mit „Wissen" verbunden, ohne das eine reine Beschränkung und Isolierung des Informationsbegriffes auf „Wissen" zulässig erscheint: „Information ist zweckbezogenes Wissen"[26] diese Definition von Wittmann charakterisiert und reduziert „Information" als handlungs- oder entscheidungs- vorbereitendes Wissen[27] in einem Verwendungszusammenhang.

Informationen beeinflussen jedoch Handlungen und Entscheidungen, sie ermöglichen eine Neubetrachtung des status quo und eine Korrektur oder Neuausrichtungen von Handlungen und Entscheidungen[28]. Informationen sind mit Inhalten verknüpft, es gibt einen Informationsgegenstand, so dass Informationen zu einem Gewinn an Wissen und Verringerung von Unwissenheit führen[29], die Kommunikation   dient dabei der Transportlogistik. Die Verbindung von Information mit dem Wissensbegriff findet sich auch in einer weiteren Definition: „(...)Information ist die Teilmenge von Wissen, die von einer bestimmten Person oder Gruppe in einer konkreten Situation benötigt wird und häufig nicht explizit vorhanden ist (...)"[30]. Hier wird postuliert, dass Information

---

[26] Wittmann, W. [1959], S. 14

[27] Krcmar, H. [2005], S. 17

[28] in der Gefahrenabwehr werden Informationen werden über die Lageerkundung und den Führungsvorgang gesammelt, hierbei werden entscheidungsrelevante Faktoren erkannt und in Beziehung zueinander gebracht. Nach der Lageerkundung und Lagefeststellung ist ein Optimierungsprozess von Erfordernissen und Ressourcen erforderlich (quasi eine Triagierung der Möglichkeiten).

[29] Payr, M [2006], S. 13

[30] http://www.uni-saarland.de/campus/fakultaeten/fachrichtungen/philosophische-fakultaetfachrichtungen/informationswissenschaft/infowissthemen/datwissinf/definitio.html ,

nicht vorhandenes, aber aktuell benötigtes Wissen vermittelt. Ebenso wie bei Wittmann wird vorausgesetzt oder unterstellt, dass eine Informationsassymetrie[31] bei den Kommunikationsteilnehmern vorhanden ist[32], dass Unwissenheit besteht und ein Wissensgewinn stattfindet. Payr bezeichnet Informationen hingegen als „Nahtstelle zwischen Daten und Wissen"[33].

Unabhängig davon, ob Informationen Wissen beinhalten, zur Wissensbildung beitragen, oder nur übertragene optische oder akustische Signale darstellen, ermöglichen sie dem Empfänger eine Verwertung, können in Entscheidungen und Handlungen einfließen oder umgesetzt werden. So informiert die Auslösung einer Sirene zur Alarmierung der Feuerwehr den Feuerwehrangehörigen lediglich durch die akustische Information über den Bedarf einer organisierten Hilfe, wobei Art, Ort und Umfang verborgen bleiben. Dem Feuerwehrangehörigen wird lediglich vermittelt, dass er sich zum Feuerwehrhaus begeben muss (Entscheidung und Handeln).

5   Kommunikationsmodelle

Kommunikation findet nicht isoliert sondern in einem System statt, in dem Kommunikator und Kommunikant Rollen zugewiesen sind und der Kommunikationsvorgang nach bestimmten Verhaltens- und Vorhersagemustern abläuft oder ablaufen kann. Diese Vorgänge im System lassen sich durch Kommunikations- oder Übertragungsmodelle darstellen. Ziel dieser Modelle ist eine Transparenz im Kommunikationsvorgang, d.h. Störfaktoren zu identifizieren, aufzuzeigen und zu beseitigen um den Transport, Empfang und die Deutung beim Kommunikanten mit der Intention des Kommunikators störungsfrei zu ermöglichen.

5.1   Technische Kommunikationsmodelle

5.1.1 Das Kommunikationsmodell von Laswell

Ein einfaches, technisch geprägtes Kommunikationsmodell wurde 1948 durch Laswell dargestellt. Das lineare Modell beschreibt den Prozessablauf der Kommunikation mit

---

Internetabruf am 02.04.2012 um 08:23 Uhr

[31] es besteht kein Informationsgleichgewicht, z.B. Experte versus Laie

[32] Dombrowsky, W. [2008], S. 262 ff..

[33] Payr, M. [2006], S. 13

seinen einzelnen Elementen (Sender, Botschaft, Übertragungsmedium, Empfänger, Effekt):

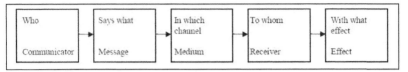

Abb. 2: Linearer Kommunikationsprozess nach Lasswell (aus Ulbig, E. et al 2010, S. 36)

Im Gegensatz zu dem von Shannon & Weaver 1949 modifiziertem Modell von Lass-wellwird hier nicht nur der Prozessablauf aufgezeigt, sondern auch die Intention, die Wirkung auf den Empfänger berücksichtigt[34]. Im Marketingbereich hat das Modell von Laswell Bestand und ist in das Marketingkommunikationssystem integriert. Der von Lasswell als „Effect" / „with what effect" bezeichnete Kommunikationsabschnitt wird hier inhaltlich belegt und interpretiert mit „Kommunikationserfolg", „Kauf", „Image" und „Einstellung"[35]

5.1.2 Das Kommunikationsmodell von Shannon & Weaver

Das Modell von Shannon & Weaver (1949) bedient sich seiner Grundstruktur des Kommunikationsmodells von Lasswell (Abb.3) und stellte ursprünglich die Signalüber-tagung für eine Telefongesellschaft dar. Mit der Reduzierung von Kommunikation auf den technischen Vorgang zwischen einem „Sender" und einem „Empfänger" durch einen Übertagungskanal wird hier für die erfolgreiche Signalübertragung vorausge-setzt, dass das gesendete codierte Signal vom Empfänger auch richtig decodiert wer-den kann[36] (vgl. 5.2).

Eine Rückkopplung ist in diesem Modell aber nicht vorgesehen[37], ebenso bleibt ein psychosoziales Umfeld unberücksichtigt, es findet eine ausschließliche Reduktion auf den technischen Ablauf der Signalübertragung statt.

Das von Shannon und Weaver beschriebene und übertragungsverzerrende „Rau-schen" („noise source") ist nachrichtentechnisch im analogen Funkverkehr zu beobach-ten, es führt zu Verlusten der Übertragungsqualität und damit auch zur Zeichenbeein-

---

[34] Hofinger, G. [2012], S. 144
[35] Weis, C. [2009], S. 451,452
[36] Ulbig, E. Hertel, R. F., Böl, G.-F. (Hrsg.) [2010], S. 36 ff.
[37] ebd. S. 36

flussung zwischen Sender und Empfänger: Informationen werden verzerrt oder inhaltlich falsch übermittelt, beispielsweise durch Umgebungsgeräusche (Lärmpegel einer
Einsatzstelle, Störungen durch Funkverkehr, Telefongespräche, technische Geräusche
in einer Leitstelle bei der Notrufabfrage etc.). Ein Einfluss auf die Übertragungsqualität
entsteht aber auch durch eine Überlastung des Übertragungskanals: Wenn mehrere
Sender zeitgleich Signale versenden wird der Empfang gestört (z.b. gleichzeitiges
Sprechen mehrerer Personen zu einer anderen Person).

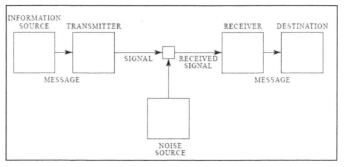

Abb. 3: Sender-Empfänger Modell nach Shannon & Weaver (aus Ulbig, E. et al 2010, S. 37)

5.2   Zeichenvorrat und Zeichenverständnis

Eine Kombination in der Betrachtung beider Modell zeigt auf, dass die Voraussetzung
für eine funktionierende Informationsübertragung (Nachrichtenübertragung) ein gemeinsamer Zeichenvorrat ist, d.h. ein Signal muss beim Sender und beim Empfänger
mit den gleichen Zeichen belegt sein und die gleiche Bedeutung haben. Im Rahmen
der Kommunikation muss sichergestellt werden, dass die gesendete Nachricht vom
Empfänger so decodiert und verstanden wird, dass sie der inhaltlichen Vermittlungsabsicht des Senders entspricht[38] ohne dass der Inhalt der Nachricht beim technischen
Übertragungsvorgang zu berücksichtigen ist[39].

Als angewandtes Kommunikationsmodell lässt sich ein asymetrischen Zeichenverständnis durch die Verwendung des Begriffes „schnell" in der Gefahrenabwehr aufzeigen: Im Verständnis des Rettungsdienstes handelt es sich hierbei um wenige Minuten,
im Verständnis der Feuerwehr um ein einsatzabhängiges Zeitintervall. Wird vom Ret-

---

[38] Hofinger, G. [2012], S.144

[39] Weischede, F. [2009], S. 20

tungsdienst aus medizinischen Gründen die schnelle technische Rettung des Patienten durch die Feuerwehr gefordert, so kann dieser Vorgang ablauftechnisch begründet 10 – 15 Minuten dauern, also nicht „schnell" von der medizinischen Perspektive aus gesehen, aus technischer Perspektive aber schon. Hier ist im Einsatzfall eine ständige Kommunikation zwischen medizinischer und technischer Rettung mit einem regelmäßigen inhaltlichem Abgleich der „Zeichen" erforderlich um ein gleiches Bedeutungsverständnis zu erhalten - im konkreten Beispiel bei erfolgtem gleichem Zeichenverständnis durch eine Alternativenauswahl im Rettungsablauf[40].

Problematischer gestaltet sich das Modell der Übertragung von „Zeichen" bei Begriffen, deren gedankliche Vorstellung scheinbar dem gemeinsamen Zeichenvorrat von Sender und Empfänger unterliegt, in der jeweiligen individuellen Vorstellung bei Sender und Empfänger jedoch inhaltlich völlig abweichend voneinander belegt sein kann, beispielsweise der Begriff (das Zeichen) „Tisch". So wird von Dombrowsky das „(...) unilineare Sender Empfänger Modell (...)"entsprechend als „(...) Informatiktheorie zur bestmöglichen Übertragung von Informationen (...)"[41] bewertet und nicht als Informationstheorie angesehen[42].

Weder bei Shannon & Weaver noch bei Lasswell erfolgt eine Rückkopplung zwischen Sender und Empfänger, die Bedeutung der übermittelten „Zeichen" müssen Sender und Empfänger bekannt sein. Kommunikation wird funktional reduziert auf eine ausschließliche Signalgebung, ähnlich der Nachrichtenübermittlung durch Licht- oder Flaggensignale in der Seefahrt, wo durch die Kombination von Signalen Worte und Begriffe entstehen. Psychosoziale Komponenten und mögliche zwischenmenschliche Beziehungen zwischen Sender und Empfänger bleiben unberücksichtigt.

5.3   Erweiterte Kommunikationsmodelle

Erweiterte Kommunikationsmodelle verstehen Kommunikation als komplexeren Vorgang wie die ausschließliche Reduktion auf „Senden", „Signaltransport" und „Empfangen". Hier wird die Beziehung zwischen Sender und Empfänger, deren Intentionen, die nonverbalen und paraverbalen Kommunikationselemente[43], aber auch das Umfeld (so-

---

[40] Oberkinkhaus, J.; Neuhauser, S. [1997], S. 37
[41] Dombrowsky, W.R. [2007], S. 264
[42] ebd., S. 277
[43] Gestik, Mimik, Körpersprache, Lautstärke, Betonung, Sprechtempo, Pausen etc.; Hofinger, G. [2012], S. 146

ziale System) betrachtet in dem die Kommunikation stattfindet. Dieses Umfeld kann
kleindimensional die Organisationsstruktur eine Katastrophenschutzstabes oder eines
Notfallteams im Rettungseinsatz darstellen, aber auch ein gesamtgesellschaftlicher
Kontext.

5.3.1 Psychosoziale Kommunikationsmodelle - Watzlawik

Die zwischenmenschliche Beziehung zwischen Sender und Empfänger wird von Watzlawik aufgegriffen „(...) Jede Kommunikation hat einen Inhalts- und Beziehungsaspekt,
derart, dass letzterer ersteren bestimmt (...)" und „(...) man kann nicht nicht kommunizieren (...)"[44]. Hier wird einerseits der nonverbale Aspekt der Kommunikation ange-
sprochen, in dem sich beispielsweise schon Sympathie oder Antipathie, Zustimmung
oder Ablehnung ausdrücken können, ohne dass eine verbale Aktivität stattgefunden
hat.   Andererseits weist Kommunikation nach Watzlawik einen Sach- und Beziehungsaspekt auf: Kommunikation vermittelt eine Sachinformation (Fakten, Daten), die
Übermittlung des Sachaspektes wird beeinflusst durch die Beziehung zwischen Sender
und Empfänger (Vertrauen, Erfahrungen, Konflikte, Erlebnisse, Gefühle), also „wie" der
Sachaspekt transportiert wird (mitfühlend, ironisch, ablehnend, zustimmend usw.).

5.3.2 Psychosoziale Kommunikationsmodelle - Schulz von Thun

Die Verflechtung der Beziehung von Sender und Empfänger, sowie der Einfluss auf
den Sachinhalt, wurde von Schulz von Thun weiterentwickelt. In seinem Modell von
den „Vier Seiten einer Nachricht" wird im Kommunikationsablauf zwischen den Elementen „Sachinhalt", „Selbstoffenbarung", „Beziehung" und „Apell" unterschieden[45]:

- „Sachinhalt: Sachinformation der Nachricht" - „worüber ich informiere", über
  Dinge und Geschehnisse.

- „Selbstoffenbarung: Informationen über die Person des Senders" - „was ich von
  mir selbst kundgebe" sowohl beabsichtigt im Rahmen der Selbstdarstellung, als
  auch der ungewollten Selbstenthüllung.

- „Beziehung: Information über die Beziehung zwischen Sender und Empfänger"
  - „was ich von Dir halte und wie wir zueinander stehen". Die Beziehung wird
  durch Formulierungen, nonverbale und paraverbale Äußerungen aufgedeckt.

---

[44] Watzlawick, P., Beavin, J., Jackson, D.D. [2007], S. 53, 56
[45] Schulz v. Thun, F. [1981], S.26 ff.

- „Apell: Einflussnahme auf den Empfänger". Aufforderung zum Handeln oder Unterlassen.

Senden und Empfangen einer Nachricht erfolgt nach Schulz von Thun unter Einbeziehung aller vier Ebenen[46], d.h. der Sender sendet auf allen vier Ebenen, der Empfänger dekodiert die Nachricht in seiner individuellen Ansprache von „Sachinhalt", „Selbstoffenbarung", „Beziehung" und „Apell" („mit vier Ohren Empfangen"[47]), wobei die Anzahl der „empfangsbereiten" und „empfangswilligen Ohren" individuell ausgeprägt und vom Gesprächsgegenstand abhängig sind. Daraus können Missverständnisse und Konflikte resultieren, oder „eine Risikobotschaft bleibt schlicht ohne Wirkung"[48].

5.4 Komplexität der Kommunikation

Hofinger[49] hat die Komplexität der Kommunikation in sozialen System „zwischen konkreten Menschen" unter Einbeziehung der technischen und psychosozialen Kommunikationsmodelle aufgezeigt und grafisch dargestellt (Abb. 4), wobei hier der soziotechnische Aspekt (Mensch – Maschine) nicht berücksichtigt wird, obwohl die lineare Modellvorstellung von Lasswell integriert worden ist:

---

[46] Werden Nachrichten auf der „nonverbalen" Ebene gesendet, so bleibt die Sachebene leer, beispielsweise „weinen": „ich bin traurig" – Selbstkundgabe, „so weit hast Du es gebracht, du Schuft" – Beziehungsseite, „Bitte schone mich, tröste mich" – Appellseite; Schulz von Thun, F.[1981], S. 34

[47] ebd., S. 30

[48] Ulbig, E. Hertel, R. F., Böl, G.-F. (Hrsg.) [2010], S. 38

[49] Hofinger, G. [2012], S. 146, 147

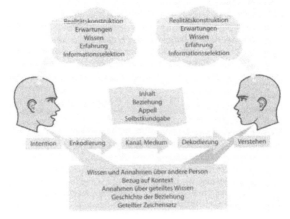

Abb. 4: Kommunikation im Kontext psychologischer Variablen (Hofinger 2012, S.147)

6   Kommunikationsfallen

6.1   Kommunikationsfallen – Modellkritik

Die aufgezeigten Kommunikationsmodelle stellen einerseits eine Reduzierung auf die
Informations- oder Nachrichtenübertragung dar (Lasswell, Shannon & Weaver), andererseits berücksichtigen sie den psychosozialen Kontext in dem die Kommunikation
stattfindet, sowie nonverbale und paraverbale Einflussfaktoren (Watzlawik, Schulz von
Thun). Codierungs- und Decodierungsfehler „Es wurde nicht gesagt was gemeint war"
und „Es wurde nicht verstanden was gesagt wurde"[50] beeinflussen die Kommunikation
und die Verwertung des Kommunizierten.   Kommunikationsfallen und ihre Einflüsse
werden zwar identifiziert, führen in den Modellen aber nicht zu einer Absicherung des
Kommunikationsablaufes.

6.2   Kommunikationsfallen in Risikosystemen

Der Umgang mit Kommunikationsfehlern und ihrer Minimierung für eine richtige Codierung beim Sender und richtiger Decodierung beim Empfänger (im Sinne der Codierung
des Senders) wird in kleinräumigen sozialen Risikosystemen   (OP-Bereich, Notfallteams, Luftfahrt etc.) bereits praktiziert, da hier ein Kommunikationsversagen in kriti-

---

[50] Bräuer, M. [2011], S. 518

schen Situationen zu weitreichenden Auswirkungen führen kann[51]. In der direkten Kommunikation („face to face") lässt sich am Verhalten des Empfängers die Dekodierung im Sinne des Senders überprüfen, außerhalb der direkten Kommunikation ist diese Kontrolle der „richtigen" Decodierung problematischer, hier sind Rückkopplungen und ein „gemeinsamer Zeichenvorrat" erforderlich, damit eine deckungsgleiche Dekodierung des Codierten erfolgen kann. Besteht kein „gemeinsamer Zeichenvorrat" zwischen Sender und Empfänger, so wird aus der individuellen Vorstellung durch wechselseitige Codierung und Decodierung der individuelle Zeichenvorrat in einen „gemeinsamen Zeichenvorrat" überführt[52].

Der „Confirmation-Correction-Loop"[53] beschreibt eine Kommunikationssystematik aus der Luftfahrt: Die übermittelte Meldung des Senders wird vom Empfänger aktiv aufgenommen, dieser wiederholt die Meldung an den Sender („read back"), der Sender hört aktiv auf das richtige Zurücklesen („hear back"), hier dominiert aber das gemeinsame Verständnis von situationsrelevanten Informationen (Vermeidung von Missverständnissen) innerhalb einer sozialen Gruppierung (Cockpitteam), die als homogene Gruppe bereits über einen „gemeinsamen Zeichenvorrat" verfügt. Diese Procedere findet sich auch in der Durchführung des Sprechfunkbetriebes der BOS (Behörden und Organisationen mit Sicherheitsaufgaben) wieder: Hier sind wichtige Nachrichten zu wiederholen, wobei die Wiederholung durch den Sender aktiv eingefordert wird „(...) wiederholen Sie"[54].

7   Kommunikationsrichtungen

7.1   Bidirektionale Kommunikation

Die Beseitigung von Kommunikationsunschärfen durch einen Abgleich von Codierung und Decodierung erfordert einen wechselseitig gleichgerichteten Kommunikationsablauf, in dem Kommunikator und Kommunikant ihre Positionen wechseln. Hierbei ist eine aktive Rückkopplung durch den Funktionswechsel „senden" und „empfangen"

---

[51] Die Problematik der unpräzisen Kommunikation wurde erstmals in der Luftfahrt identifiziert, sowohl in der internen Kommunikation des Cockpitteams, als auch in der Cockpit-Tower Kommunikation {Badke-Schaub, P. [2005], S. 8 ff.}.

[52] Dombrowsky, W. [2007], S. 268 ff.

[53] Reinwarth, R. [2005], S. 152

[54] PDV / DV 810 [1985], S. 25

möglich (Abb. 5). In der interpersonellen bidirektionalen Kommunikation findet dieser Wechsel statt, wie beispielsweise bei einem Telefon- oder Funkgespräch oder der „face to face" Kommunikation. In der Internetkommunikation ist diese Kommunikation in Foren möglich, wobei sich hier gesendete und empfangene Nachrichten überlagern können (z.B. „Gruppenchat") der ursprüngliche Ausgangspunkt der Kommunikation kann verlorengehen, Unschärfen und Missverständnisse entstehen.

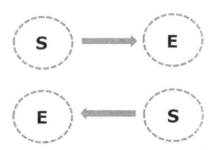

Abb. 5: Bidirektionale Kommunikation

7.2   Unidirektionale Kommunikation

Die Möglichkeit der Rückkopplung und damit eine Überprüfung von Codierung und Decodierung in der Intention des Senders bleibt den Akteuren bei der unidirektionalen Kommunikation (Abb. 6) versagt, hier wird durch einen Sender entsprechend dem Modell von Shannon & Weaver, bzw. Lasswell linear kommuniziert: Homepage, Radio, Fernsehen, Lautsprecherdurchsagen, SMS, Printmedien etc.. Die Unidirektionale Kommunikation ermöglicht allerdings die Erreichbarkeit einer hohen „Empfängeranzahl" durch einen Sender, diese Kommunikationsform charakterisiert die „Massenkommunikation", wobei hier nur ein Transportmedium mit breiter Streuungsmöglichkeit[55] dargestellt wird, ohne dass eine Verwertung des Übermittelten durch den Empfänger evaluierbar ist – außer in sichtbaren, messbaren Verhaltensweisen (bei-

---

[55] Die Streuungsmöglichkeit erscheint relativ, da bestimmte Medien über eine eingrenzbare „Empfängergruppierung" verfügen: Das Internet wird nicht von allen Altersgruppen der Bevölkerung genutzt, Sprachbarrieren, Selektion in der Nutzung der jeweiligen Printmedien („FAZ" versus „Bild)" lassen eine gewisse Kategorisierung der Empfänger zu.

spielsweise Massenphänomene wie das Fluchtverhalten nach einer Katastrophenwarnung).

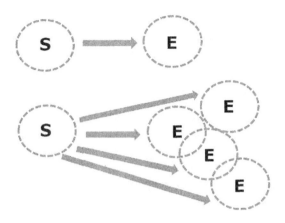

Abb. 6: Unidirektionale Kommunikation

8 Risiko- und Risikokommunikation – Begriffsdarstellung

8.1 Risiko

Der Begriff „Risiko" wird von verschiedenen Wissenschaftsrichtungen unterschiedlich belegt (Wirtschaftswissenschaften, Sozialwissenschaften, Naturwissenschaften, Medizin, Bevölkerungsschutz)[56]. Vom BBK wird „Risiko" definiert als „Maß für die Wahrscheinlichkeit des Eintritts eines bestimmten Schadens an einem Schutzgut unter Berücksichtigung des potenziellen Schadensausmaßes"[57], hieraus lässt sich „Risiko" als Produkt der beiden Faktoren „Schadensausmaß" und „Eintrittswahrscheinlichkeit" ableiten. Im Wörterbuch des Zivil und Katastrophenschutzes gilt Risiko als „das Maß für die Gefährdung, die von einer Tätigkeit oder einem Vorgang ausgeht (...)"[58].

Der Risikobegriff kann beim Empfänger mit Unsicherheit behaftet sein, da ihm der Kommunikationsgegenstand möglicherweise abstrakt erscheint und schwer vermittelbar ist: Wenn die risikobestimmenden Faktoren „Schadensausmaß" und „Eintrittswahr-

---

[56] Stillig, V. [2010], S. 17

[57] BBK [2011], S. 23

[58] SKK [2003], S. 43

scheinlichkeit" mental kaum erscheinen (großflächige Überschwemmungen in bewohn-
ten Gebieten, Flugzeugabsturz in der Innenstadt, bis 2011 auch nukleare Zwischenfälle
in hochtechnisierten Gesellschaften).

8.2   Risikokommunikation

In der Kommunikation des Risikos verstehen Goersch und Werner Risikokommunikation als „(…) Prozess, der die Vermittlung von gesellschaftlichen und individuellen Risi-
kokonstruktionen bewerkstelligt (…)"[59]. Unger und Weber sehen als oberstes Ziel der
Risikokommunikation „(…) Vertrauen bei allen Beteiligten (…)" und „(…) Schaffung von
Akzeptanz auf Seiten der Bevölkerung durch Vermittlung technischer Daten (…)"[60].
Sie definieren Risikokommunikation als „(…) Austausch von Informationen und Mei-
nungen über Risiken zur Risikovermeidung, Risikominimierung und Risikoakzeptanz"[61]
und betonen eine vertrauensbasierte Kommunikationsbeziehung mit den Zielgruppen.
Das BBK definiert Risikokommunikation als „Austausch von Informationen und Mei-
nungen über Risiken zur Risikovermeidung, -minimierung und -akzeptanz"[62] und sieht
damit auch einen Dialog zwischen Kommunikator und Kommunikant.

9   Behördliche Risikokommunikation

9.1   Absichten und Ziele

Reichenbach et al unterscheiden neben der präventiven (Risikokommunikation) und
reaktiven (Krisenkommunikation) Ausrichtung zwei zielgruppenorientiere Kommunikationsrichtungen: Nach innen, mit den Akteuren der Gefahrenabwehr und nach außen mit
der Bevölkerung[63]. Behörden kommunizieren[64] „nach außen" mit der betroffenen Bevölkerung in einem sozialen System in der in der diese die Rolle als „Exponierte" in der Risikokommunikation oder „Katastrophennehmer" in der Krisenkommunikation einnehmen.

---

[59] Goersch, H.G., Werner, U. [2012], S. 80

[60] Unger, C; Weber, E. [2011], S. 66

[61] ebd., S. 65

[62] BBK [2010], S. 59

[63] Reichenbach, G. et al [2008], S.26

[64] Behördliche Risikokommunikation erfolgt vor allem in den Bereichen Umwelt-, Gesundheits-
und Bevölkerungsschutz

In der Intention dieser Risikokommunikation werden von Wiedemann zwei Bereiche abgegrenzt[65]:

- „Ermitteln und Informieren" (Setzung von Normen, Ableitung von Standards, Risikocharakterisierung nach Stand der Wissenschaft)
- „Informieren und Erörtern" (Ereigniswahrscheinlichkeit und mögliches Schadensausmaß vermitteln)

In der Kommunikation des Risikos sind für die Empfänger bestehende Unsicherheiten in der Risikoermittlung zu benennen und Maßnahmen darzulegen, die Gefährdungen und Risiken einschränken[66]. Wiedemann betrachtet Risikokommunikation als eine Legitimierung von Entscheidungen „(...) die auf Vorsorge, Vermeidung und Bewältigung von Risiken aus sind."[67]. Risikokommunikation würde Bewertungsdifferenzen zwischen den Akteuren minimieren oder zu mindestens die Existenz der Differenzen aufzeigen, die dann aufzugreifen und zu diskutieren seien. Die Wahrnehmung des vermittelten Risikos führt zusätzlich zu einer Vulnerabilitätssenkung, so kann ergänzend zu Wiedemann die Intention „Resilienzsteigerung" hinzugefügt werden:

- Resilienzsteigerung (Darstellung der Selbsthilfemöglichkeiten, Vermittlung von Handlungsanweisungen und Risikokommunikation als Bestandteil der Nofallvorsorge)

Das Bundesinstitut für Risikobewertung[68] zeigt vier unterschiedliche Zielsetzungen der behördlichen Risikokommunikation auf, die in der Risikokommunikation auch einen gesellschaftlichen Auftrag sehen und auch eine Beteiligung der Bevölkerung an der Risikokommunikation vorsehen:

- „demokratische Zielsetzung" (Kommunikation als demokratischer Prozess, mit Klärung der Frage eines möglichen Eingriffs in die Grundrechte zur Gefahrenminimierung, öffentliche Legitimierung)
- „pädagogische Zielsetzung" (verständliche Darstellung wissenschaftlicher Themen soll beim Bürger einen verantwortungsvollen Umgang mit Risiken erzielen)
- „wissenschaftliche Zielsetzung" (Diskussion innerhalb von Expertenkreisen)

[65] Wiedemann, P. M. [1999], S. 6
[66] Ulbig, E. Hertel, R. F., Böl, G.-F. (Hrsg.) [2010], S. 52
[67] Wiedemann, P. M. [1999], S. 8
[68] BfR: Epp, A.; Hertel, R.; Böl, G.-F. [Hrsg.], S. 32 ff.

- „partizipativ-bewertende Zielsetzung" (in durch die Wissenschaft nicht zu schließende Lücken des Nichtwissens fließen gesellschaftliche Bewertungen mit ein – es findet Kommunikation mit dem Ziel einer Bewertung durch Betroffene statt)

Indikatoren für den Erfolg oder Nicht-Erfolg der Risikokommunikation (und auch der Krisenkommunikation) stellt unter anderem die Verwertung des behördlichen Kommunikationsgegenstandes in den Medien und die öffentliche Diskussion darüber dar – und ermöglichen eine Evaluation, ob das Kommunikationsziel erreicht worden ist.

Das BBK[69] betrachtet Risikokommunikation als Bestandteil des Krisenmanagements, wodurch auch die Intention aus Sicht des Bevölkerungsschutzes bestimmt wird:

- frühzeitige Information der Bevölkerung über mögliche Gefahren und bestehend Risiken
- Sensibilisierung der Bevölkerung
- Information über mögliche Schutzmaßnahmen vermitteln
- Erhöhung der Selbstschutzfähigkeit

9.2 Erhöhung der Selbsthilfefähigkeit

Behördliche Risikokommunikation zur Erhöhung der Selbstschutzfähigkeit bereitet im Katastrophenmanagementsektor „persönliche Notfallvorsorge" beispielsweise auf den Ausfall kritischer Infrastruktur (Strom, Wasser etc.) vor: Die Bevölkerung wird zu Vorsorgemaßnahmen aufgerufen und angeleitet und somit ein mögliches persönliches Schadensausmaß reduziert, dadurch wird in der Summierung der „Einzelvorsorger" das Schadensausmaß im Gesamtsystem reduziert. Risikokommunikation kann auch die Selbsthilfefähigkeit der Bevölkerung außerhalb des individuellen Umfeldes gezielt gestärkt und kanalisiert werden, wie durch die Kampagne „Team Österreich" dargestellt: Der Bürger wird zum „Worst Case Hero" bei Stromausfall und Hochwasser[70]. Für die Gefahrenabwehr ist eine vorbereitende Sensibilisierung der Bevölkerung ein ergänzender Bestandteil der Abwehrplanung: Publizierte Evakuierungsrouten für die Bevölkerung werden von den Bereitstellungsräumen und Anmarschwegen des Katastrophenschutzes abgekoppelt.

---

[69] BBK [2010a], S. 54

[70] http://apps.teamoesterreich.at/ , Internetabruf am 19.04.2012 um 13:48 Uhr

9.3   Risikowahrnehmung und – bewertung durch die Bevölkerung

In der behördlichen Risikokommunikation ist bei der Vermittlung des „Risikos" die subjektive Risikowahrnehmung in der Bevölkerung zu berücksichtigen. Risikowahr- nehmung und -bewertung werden in der Bevölkerung von Plapp als (...) alltagsweltlicher Prozess verstanden (...)[71], der intuitiv oder erfahrungsbasiert stattfindet. Das Bundesamt für Risikobewertung konnte eine solche intuitive Risikoeinschätzung in einer Umfrage im Sommer 2011 darstellen: 70% der Befragten ordneten das Risiko der Dioxinbelastung in Eiern und Fleisch höher, oder gleich hoch wie das Risiko durch EHEC Erreger ein. Durch den EHEC Erreger starben 55 Menschen, die erhöhten Dioxinwerte blieben folgenlos[72]. Entgegengesetzt ist der Risikobegriff „Hochwasser" in einem Gefährdungsgebiet leichter zu vermitteln, da er unter anderem auf eigene oder überlieferte Selbsterfahrung der Bevölkerung basiert. Sichtbar gemachte Risiken beeinflussen die Risikoeinschätzung bei der betroffenen Bevölkerung: Nicht visualisierte Hochwasserwarnungen ohne sichtbare Änderung der Umweltzustände bleiben ohne Beachtung[73], risikokommunikativ vermittelte und visualisierte Ereignismöglichkeiten- und -prognosen (Abb.7) ergeben ein verändertes Verhaltensmuster der Betroffenen durch die Darstellung von Pegelständen und ihren Auswirkungen in einer Hochwasserkarte. Die Problematik des unsichtbaren Risikos oder der unsichtbaren Gefahr betrifft auch die Vorsorge und Verhaltensmaßnahmen bei biologischen Gefahrenlagen oder die Freisetzung von nicht sichtbaren Gefahrstoffen (z.B. Radionuklide).

---

[71] Plapp, T.S. [2003], S.1

[72] Beck, M.-L. [2011], S. 5

[73] Perry, R.W. [1983], S. 109

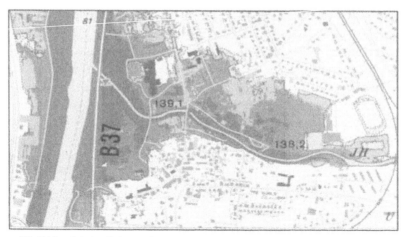

Abb. 7: Visualisiertes Risiko vor Ereigniseintritt: Ausschnitt Hochwasserkarte „Neckar" Kreis
Bergstraße, Stadt Hirschhorn, dreistufige Darstellung der prognostizierten pegelabhängigen
Überschwemmungssituation des Neckars mit betroffener Industrie- und Wohnbebauung
(Staatliches Umweltamt Darmstadt, Wasserbau und Wasserwirtschaft, 2007)

Risikokommunikation findet präventiv statt, so ergibt sich im industriellen Sektor für den
Betreiber (als Risikoverursacher in einem ökonomischen System) eine Verpflichtung
zur proaktiven Kommunikation der Risiken und der erforderlichen Verhaltensmaßnahmen (der im Ereignisfall betroffenen Bevölkerung als Exponierte des Risikos) aus der
Störfallverordnung[74]. Beispielsweise wurde durch die RWE Power AG in Abstimmung
mit den zuständigen Katastrophenschutzbehörden die Information   „Notfallschutz für
die Umgebung des Kernkraftwerkes Biblis – eine Broschüre zur Information der Bevölkerung, abgestimmt mit den zuständigen Behörden der Länder Hessen und Rheinland-
Pfalz" herausgegeben[75].

Die Stadt Köln kommuniziert das Risiko „Hochwasser" durch ein Merkblatt für Bewoh-
ner gefährdeter Gebiete: Hier werden Eintrittswahrscheinlichkeiten, Vorsorge und Verhaltensmaßnahmen für die Bevölkerung vermittelt, um auch das Selbstschutzpotenzial

---

[74] StörfallV, § 11

[75] Die 34-seitige Broschüre umfasst Informationen zu den Bereichen: Allgemeine Informationen
(Sicherheitseinrichtungen eines KKW, ionisierende Strahlung, mögliche Szenarien, INES-
Stufen etc.) Katastrophenschutz, Schutzmaßnahmen im Haus, Jodtabletten, Evakuierung,
Sammelstellen, Evakuierungsrouten etc..

in den betroffenen Gebieten zu stärken (Resilienzerhöhung durch Risikokommunikati-on)[76].

Wird in der Industrie die Kommunikation von Risiken durch den möglichen Versursa-cher selbst mitgestaltet und beeinflusst, fehlt in der Risikokommunikation von Naturer-eignissen der direkte Verursacher, die Kommunikation wird ausschließlich von staatli-chen Stellen (Behörden) initiert. Risikokommunikation ist nicht „ad hoc" erforderlich, sie ist planbar, beinhaltet Vorbereitungszeit, kann zielgruppengerecht aufbereitet wer-den (z.B. Mehrsprachigkeit in gedruckten Informationen), die Informationsbedürfnisse des Empfängers sind evaluierbar und die Kommunikation kann angepasst werden[77].

Erschwert wird Risikokommunikation durch die Diskrepanz von Experten – Laien: Ex-perten technisieren in ihrer Bewertung eine Risikowahrscheinlichkeit, wissenschaftliche Risikoeinschätzung betrachtet die prognostizierten Schäden (Tote, Gesundheitsschä-den, Zerstörung, Unbewohnbarkeit von Gebieten), während der Laie durch individuel-les Sicherheitsbedürfnis und Betroffenheit gesteuert wird[78]. Die Bevölkerung nimmt Risiken und ihre Folgen individuell wahr, so dass es nicht eine Risikowahrnehmung gibt sondern vielfältige Wahrnehmungen und Interpretationen in einem inhomogenen Adressatenkreis (Sprache, Bildung, Alter, Vorwissen, Erfahrung, räumlicher, inhaltli-cher, gesundheitlicher Bezug zum Risikoobjekt etc.), wodurch Risikokommunikation zielgruppenspezifisch erfolgen muss. Die Wahrnehmung in der Öffentlichkeit ist wiede-rum aufzufangen, zu evaluieren und eine Deckungsgleichheit zur Vermittlungsabsicht der Experten herzustellen, ggf. ist also eine Nachjustierung in der Risikokommunikation im Interesse des „Verständnisses" erforderlich.

9.4   Formen der Risikokommunikation

Wiedemann unterscheidet zwei Kommunikationsarten in der Risikokommunikation (Abb. 7), den „Dialog" für die Erzeugung des Risikowissens und den „Diskurs" für die Vermittlung des und Erörterung des Risikowissens in der Öffentlichkeit[79].

Die behördliche Risikovermittlung erfolgt im Wesentlichen durch Pressemitteilungen, Interviews, Pressekonferenzen und Gespräche mit Fachjournalisten[80] und wird über die Medien in den verschiedenen massenmedialen Kommunikationskanälen (Fernse-

---

[76] Wieczorrek, Y.; Vogt, R. [2005], S. 11

[77] KFS [2007], S. 13

[78] Wiedemann, P. M. [1999], S. 9 ff.

[79] Wiedemann, P. M. [1999], S. 13

[80] Böschen, S. et al [2002], S. 90

hen, Radio, Printmedien etc.) transportiert. Neben diesen klassischen Vermittlungswegen ist eine direkte behördliche Kommunikation über das Internet (Webportale) möglich, die Basisinformationen, Hintergrundinformationen, weiter- führende Hyperlinks und einen Downloadbereich anbieten, oder die Verwendung von gedruckten Aufklärungs- und Informationsbroschüren[81].

Die Einbeziehung der Massenmedien als Multiplikator für behördliche Risikokommunikation wird im Bereich der „persönlichen Notfallvorsorge", auch kritisch gesehen[82]: Hier wird von den Akteuren eine interpersonelle Kommunikation in räumlich begrenzten sozialen Strukturen (beispielsweise innerhalb einer Kommune) durch Multiplikatoren[83] eine höherer Kommunikationserfolg als der Nutzung der Massenmedien eingeräumt. Massenmediale Instrumente werden hier als Ergänzung gesehen, nicht aber als Hauptvermittler der Information.

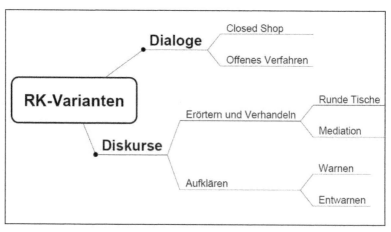

Abb. 8: Varianten der Risikokommunikation: Expertengeführte Dialoge und expertenbasierte Diskurse mit der Öffentlichkeit[84] (Wiedemann 1999, S. 16)

---

[81] Beispielsweise die mehrsprachige Broschüre des BBK „Für den Notfall vorgesorgt"

[82] Goersch, H.G., Werner, U. [2012], S. 341

[83] Vorteil der direkten persönliche Ansprache in einem sozialen System, in dem Kommunikator und Kommunikanten in einer Beziehung zu einander stehen, institutionell als Vertreter einer bekannten Einrichtung, z.B. „Feuerwehr", oder durch das Gefühl der kommunalen Zusammengehörigkeit

[84] Warnen mit dem Ziel der Risikoreduktion, Entwarnen als Reduktion von „unangemessenen Besorgnissen und Ängsten", Wiedemann, P. M. [1999], S. 16

10　Krise und Krisenkommunikation - Begriffsdarstellung

10.1　Krise

Der Krisenbegriff wird vom BBK mit „Vom Normalzustand abweichende Situation mit dem Potenzial für oder mit bereits eingetretenen Schäden an Schutzgütern (...)"[85] definiert, Dombrowsky und Brauner sehen in der Krise einen „(...) Prozessverlauf, in dem die Existenz eines Systems oder Akteurs akut bedroht ist (...) Unter akuter Bedrohung ist zu verstehen, dass die Systemzerstörung unvermeidbar ist, wenn ihre Gründe nicht beseitigt werden. Die Krise droht mit dem Umschlag in die Katastrophe, ist sie aber noch nicht (...)"[86].

10.2　Krisenkommunikation

In der Krise ist das Risiko bereits eingetreten oder der Eintritt steht kurz bevor, so wirkt Krisenkommunikation reaktiv als „(...) reagierende Information, mit dem Ziel, situativ angemessene, operative Verhaltensmaßregeln zu kommunizieren, die allen Beteiligten helfen, ihr einschlägiges Vorwissen bestmöglich umsetzen und anwenden zu können (...)"[87] - Krisenkommunikation als Fortführung der Risikokommunikation, aber auch als Kommunikation in der Krise. Krisenkommunikation ist kurzzeitorientiert und geprägt von Zeitknappheit, Zeitstress und Tempo in den einzelnen Krisenphasen. Das Bundesinnenministerium sieht Krisenkommunikation vor allem als Instrument zur „(...) Verhinderung oder Begrenzung von Vertrauensverlust, Imageeinbußen usw. (...)"[88] gesehen. Hier dominiert die Abwehr einer „Medienkrise" im Ereignisfall.

Krisenkommunikation stellt aber nicht nur eine „Kommunikation der Krise" dar, sondern sie dient auch der „Kommunikation in der Krise", wie sie exemplarisch durch die Rahmenempfehlungen für den Katastrophenschutz in der Umgebung kerntechnischer Anlagen an die Abstimmung der Einsatzmaßnahmen gefordert werden. „(...) soweit mehrere KS-Behörden betroffen sind (...) tauschen Informationen aus und koordinieren Bekanntmachungen, Verhaltensempfehlungen und Schutzmaßnahmen (...) können mehrere Bundesländer (...) betroffen sein, so ist die länderübergreifende Kommunikation zu planen. Diese Planung soll sicherstellen, dass die Entscheidungen aufgrund

[85] BBK [2011], S. 17
[86] Dombrowsky, W.R. ; Brauner, C. [1996], S. 71
[87] Dickmann, P.; Wildner, M.; Dombrowsky, W.R. [2007], S. 323
[88] BMI [2008], S. 14

einer Lagebeurteilung getroffen werden (...)"[89]. Krisenkommunikation ist eine Kommunikation zwischen Beteiligten und Betroffen, die unterschiedlichen Anspruchsgruppen
angehören und gruppenabhängig einen unterschiedlichen Kommunikationsbedarf aufweisen. Instrumente der Krisenkommunikation müssen diesen Anforderungen entsprechend zielgruppengerecht gestaltet und bedürfnisorientiert eingerichtet werden. Die
Evaluierung des nuklearen Zwischenfalls im Kernkraftwerk „Three Mile Island" bei Har-
risburg 1979 ergab aufgrund der vielen widersprüchlichen Berichte ein „Verbleiben vor
Ort" von 42% der evakuierungspflichtigen Bevölkerung[90] - ein Versagen von Kommunikation in der Krise, da die Kommunikation offizieller Stellen zu Verunsicherung und
gegenläufigem Verhalten statt Handlungssicherheit geführt hat.

11   Behördliche Krisenkommunikation

11.1   Absichten und Ziele (äußere Krisenkommunikation)

Das BMI beschreibt Krisenkommunikation als die „(...) unverzügliche, sachgerechte
und wahrheitsgetreue (Medien-)Berichterstattung und Information der Bevölkerung
über Ursachen, Auswirkungen und Folgen einer Krise sowie die Festigung von Vertrauen und Glaubwürdigkeit (...)"[91], Zentrale Kommunikationsziele sind die sachgerechte Information über Ursachen, Auswirkungen und Folgen der Krisensituation. Krisenkommunikation soll Handlungssicherheit bei den Betroffenen herstellen und
Krisenfolgen eindämmen. Bei der Bevölkerung führt Wissensmangel in der akuten Kri-
senphase zu Unsicherheit, hier müssen durch die Behörden eindeutige Verhaltenshinweise gegeben und Botschaften einfach, klar und verständlich vermittelt werden.
Der „Leitfaden zur Information der Öffentlichkeit in kerntechnischen Notfällen" formuliert für die Ereignisfrühphase Fragestellungen, die das Informationsgrundbedürfnis
der Bevölkerung widerspiegeln[92]:

* „was ist wo geschehen?"
* „wurden radioaktive Stoffe freigesetzt?"
* „wer ist betroffen?"
* „besteht eine Gefahr für die Bevölkerung?"

---

[89] SSK [2008], S. 6
[90] Perry, R.W. [1983], S. 103 ff.
[91] BMI [2008],S. 4
[92] SSK [2007],S. 11

- „welche Maßnahmen werden von wem ergriffen?"
- „wurde jemand verletzt oder getötet?"

Die Bevölkerung sucht eine „Basisgewissheit" durch Antworten auf Fragen, die persönlich als „sehr wichtig" eingeschätzt werden, individuell bewegen und die psychische Resilienz beeinflussen[93][94].
Krisenkommunikation als Bestandteil des Katastrophenmanagements „(…) hilft optimistisch zu sein, um auch psychisch möglichst viel Energie zu mobilisieren und Ängste zu reduzieren (…)"[95]. Dombrowsky[96] betont die Bedeutung der „Frühzeitigkeit" von Ereignismeldungen (besonders bei Warnmeldungen). Diese Ereignismeldungen sind der Bevölkerung in ihren jeweiligen Auswirkungen darzustellen, so dass die betroffene Bevölkerung das Ereignis auf der Grundlage der behördlichen Informationsquellen einordnen kann:

- „was ist passiert?" - Darstellung der Fakten
- „was bedeutet dies für mich?" - Auswirkung auf das individuelle Sozialsystem (Familie)
- „was ist meinen Angehörigen und Freunden?"
- „wie lange wird es dauern?" - Stärke und Belastungsdauer des Ereignisses
- „wann wird Hilfe eintreffen?" - Phasendauer zwischen Selbstorganisation und Unterstützung
- „was kann ich selbst tun?" - Aktivierung der Selbsthilfefähigkeit

Diese Leitfragen können von den Behörden unabhängig vom Typus der Krise berücksichtigt werden die Ausrichtung der Krisenkommunikation bestimmen.

---

[93] ebd., S. 15
[94] Dombrowsky [2007], S. 272
[95] Münker-Kramer, E. [2006],S. 127
[96] Dombrowsky, W.R. [2007], S. 272

11.2   Krisenkommunikation in der Gefahrenabwehr
(innere Krisenkommunikation)

Die Bedeutung der Kommunikationsrichtungen nach „innen" [97] und nach „außen" wurden auch in der Betrachtung der LÜKEX Übung 2010 aufgezeigt: Freise sieht hier die Bedeutung des Übungsschwerpunktes nicht in den operativ-taktischen Handlungsabläufen sondern „(…) es geht vielmehr um das Erproben unserer Reaktions- und Kommunikationsfähigkeit untereinander und nach außen (…)"[98] . „Untereinander" beschreibt die unterschiedlichen Akteure in der Gefahrenabwehr, besonders die Führungsstäbe und Katastrophenschutzstäbe, Leitstellen, Einsatzleitungen vor Ort (TEL), Behörden und Dienststellen und behördliche Pressestellen, nach „außen" die Medien und betroffenen Bürger. So können die Stakeholder der Kommunikation in zwei Gruppierungen auseinanderdividiert werden: „Gefahrenabwehr" und „Nicht-Gefahrenabwehr" – beide Gruppierungen weisen einen spezifischen Kommunikationsbedarf auf. In der Gruppe „Gefahrenabwehr" dominiert der fachlich-technische Informationsaustausch als „Kommunikation in der Krise" über Lagedarstellung, Lagekarte (Abb. 8)[99], Prognosen zur Lageermittlung, Sensordaten, Zugriff auf Datenbanksysteme, Visualisierung von Personenströmen und Verhaltensprognosen bei Großveranstaltungen, Triagekategorien, sowie ihre Anzahl und Verteilung bei MANV-Lagen, Niederschlagsmengen und Strömungsverhalten von Gewässern bei   Hochwasserlagen uvm.. Hier überwiegt die Kommunikation zwischen den operativ-taktischen und strategischen Ebenen, aber auch zwischen den Ebenen gleicher Kategorien[100]. Diese Kommunikationsabläufe profitieren vom gemeinsamen Zeichenvorrat den Sender und Empfänger in der Gefahrenabwehr innehaben, Störfaktoren wie „mentales Rauschen" werden durch das Vorhandensein gemeinsamer Zeichen und mentaler Modelle gepuffert. Instrumente wie regelmäßige Lagebesprechungen dienen der Entwicklung und Beibehaltung der

---

[97] Die Bedeutung der inneren Kommunikation und ihre Koordination für die Entscheidungsfindung in komplexen Lagen wird in der Projektarbeit behandelt

[98] Freise, U. [2010]

[99] Die Lagekarte stellt das zentrale Informationsmedium für alle Mitarbeiter in einer Führungs- ,eines Stabes etc. dar: Sie liefert ein Abbild des Schadensgebietes und der Schadenslage lage („Schaufenster der Lage") unter Verwendung eines „gleichen Zeichenvorrates" und ermöglicht Erfassung aller Fakten „auf einen Blick".

[100] TEL →Führungsstab → übergeordneter Führungsstab → GLMZ, aber auch TEL → TEL; Führungsstab → Führungsstab, wobei die Kommunikationsrichtungen sowohl uni- und / oder bidirektional auftreten.

gemeinsamen mentalen Modelle und werden durch „Revisionsschleifen" zum Informa-
tionsabgleich überprüft (Kommunikation in der Krise ist Bestandteil der Entscheidungs-
findungsprozesse). Auch bei einem unterschiedlichen Detaillierungsgrad, der sich mit
zunehmender Diskrepanz zwischen operativ-taktischer und strategischer Ebene ver-
ändert, kann in der Kommunikation das gemeinsame Lagebild beibehalten werden[101]:
Hier findet eine „Experten – Experten" Kommunikation statt, die auch bei unidirektiona-
ler Übertragung eine Codierung im Sinne des Senders ermöglicht.

Abb. 9: Abrufbare Darstellung einer Hochwasserlage in der Einsatzfrühphase

11.3 Formen behördlicher Krisenkommunikation

Behördliche äußere Krisenkommunikation lässt sich in zwei Bereiche aufgliedern:

- als anlassbezogene Weiterführung der Risikokommunikation (z.B.. Störfallbe-
  triebe, Pandemie)

- als „ad hoc" Kommunikation aufgrund von Großschadenslagen und Katastrophen (z.B. Unfälle mit Massentransportmitteln)

Beeinflusst wird Krisenkommunikation auch von der Art der Lage: Ist das Ereignis ab-
geschlossen und die Schadenslage statisch (z.B. Flugzeugabsturz) oder handelt es
sich um eine dynamische Lage mit einem nicht abgeschlossenem Ereignis (z.B.
Schadstoffexposition nach Explosion in einem Industriebetrieb). Hierbei ist auch zu
unterscheiden, ob sich die Lage räumlich begrenzt, aber in diesen Grenzen dynamisch

---

[101] Der Begriff „Wald" als Entscheidungsgegenstand wird auf der strategischen Ebene als
Summe von „Bäumen" wahrgenommen, auf der operativ-taktischen Ebene differenzierter als
„Eiche", „Buche", oder „Tanne"[101]. Inhaltliche Bedeutung bekommt diese Wahrnehmung erst
bei Waldbränden, wo durch die Baumart auch die Ausbreitungsgeschwindigkeit beeinflusst
wird.

verhält, oder ob sich die Lage dynamisch über kommunale-, regionale- oder Ländergrenzen hinweg ausbreitet. Unvollständige Lagebilder oder ein dynamischer Lageaufwuchs beeinflussen die behördliche Kommunikation. Den Ereignissen ohne Vorlaufzeit für die Vorbereitung der Krisenkommunikation („ad hoc" Lagen) stehen die Ereignisse mit Vorlaufzeit gegenüber, bei denen die Risikokommunikation in die Krisenkommunikation übergleitet wird, bzw. eine Aufbau- und Ablauforganisation für die Planung und Durchführung der Krisenkommunikation etabliert ist. Durch das lageabhängige Aufwachsen der Stabsfunktion „S5" Presse- und Öffentlichkeitsarbeit bei kerntechnischen Zwischenfällen wird der Kommunikationsauftrag der „Rahmenempfehlungen für den Katastrophenschutz in der Umgebung kerntechnischer Anlagen" erfüllt: Für die „(…) aktuelle Information der Bevölkerung (…) Information der Bevölkerung eindeutig, verständlich und lagegerecht zum richtigen Zeitpunkt (…)"[102] erfolgt eine Abstimmung der Stabsbereiche „S5" der betroffenen und beteiligten Bundesländer über den Inhalt der veröffentlichen Mitteilungen, so dass eine einheitliche Publikation nach außen erfolgt – kommunikationstheoretisch die Vermeidung von Dissonanzen beim „Empfänger" durch vorherigen Abgleich der gesendeten Botschaften unterschiedlicher „Sender".

11.4 Behördliche Kommunikation mit den Medien im Kreis Bergstraße (Krisenkommunikation)

Im Kreis Bergstraße wird die Kommunikation mit den Medien bei Schadensereignissen ohne zeitlichen Vorlauf nach folgendem Verfahren durchgeführt:

Eine Informationsbereitstellung und –weiterleitung wird für die Medien über das Gefahrenabwehrportal des Kreises Bergstraße ermöglicht, die Benachrichtigung der Presse wird durch eine SMS-Nachricht der Zentrale Leitstelle des Kreises Bergstraße sichergestellt, diese erfolgt automatisiert 10 Minuten nach Alarmierung der Einsatzkräfte. Ausgeschlossen davon sind polizeitaktische Lagen (hier hat die Polizei die Informationshoheit) und definierte Einsatzlagen (z.B. Suizid), deren Ausschluss mit den Medienvertretern abgestimmt worden ist. Die Presse erhält über einen passwortgeschützten Zugriff Informationen über Ereignisart und Ereignisumfang, eingeleitete Maßnahmen, Ansprechpartner vor Ort und terminierte Pressekonferenzen. Ereignisabhängig wird eine Information der Presse in verschiedenen Stufen durchgeführt:

- Stufe1: Standardeinsätze der Gefahrenabwehr werden auf dem Gefahrenabwehrportal des Kreises Bergstraße publiziert und die Medien per SMS benach-

---

[102] SSK [2008], S. 11 ff.

richtigt, der Zugriff ist nur für einen definierten Nutzerkreis möglich. Angegeben werden Ort und Art des Ereignisses. Diese Nutzung ist vor allem für lokalen und regionalen Medien interessant.

- Stufe 2: Der Presse werden bei größeren oder außergewöhnlichen Schadensereignissen nähere Informationen auf dem Gefahrenabwehrportal bereitgestellt wie z.B. Terminierung einer Pressekonferenz. Sachinformationen zum Ereignis oder Hintergrundinformationen zu bestehenden Krisensituationen (im Regelfall Pandemie, Hochwasserlagen) etc.. Diese Möglichkeit des Informationsabrufes wird auch von überregionalen Teilnehmern genutzt.

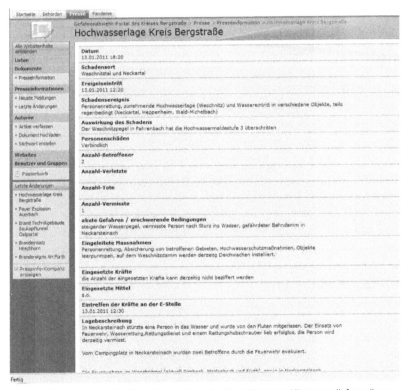

Abb. 10: Nutzergruppe „Medien": Ausschnittsweise Darstellung von Hintergrundinformationen zu einer Hochwasserlage

Im Regelfall wird ereignisabhängig ein „vor Ort" Termin durch die Gefahrenabwehrbehörde koordiniert, wo politisch Verantwortliche und Experten der beteiligten Fachdienste mit den Medien kommunizieren. Auch in der Ereignisvorbereitung der Gefahrenabwehr (Einsatzübungen, Stabsübungen zum nuklearen Katastrophenschutz, Übungslage „Impfstraße" im Pandemiefall etc.) werden die Medien aktiv eingebunden: Sie erhalten die Möglichkeit zur Übungsbeobachtung, es werden Pressekonferenzen durchgeführt, eine Pressebegleitung organisiert, Interviews mit politisch Verantwortlichen, Führungskräften der Gefahrenabwehr und Einsatzkräften angeboten und eine ungehinderte Ton- und Bildberichterstattung ermöglicht. Ziel ist hierbei die Sensibilisierung der Medien für die Gefahrenabwehr, aber auch der vertrauensvolle Dialog im Vorfeld möglicher Ereignisse („Mediennetzwerk").

11.5 Behördliche Kommunikation mit der Bevölkerung im Kreis Bergstraße (Krisenkommunikation)

Die behördliche Kommunikation mit der Bevölkerung erfolgt im Kreis Bergstraße über die Medien durch Pressekonferenzen, Interviews (Radio, Fernsehen), Bereitstellung von Hintergrundinformationen auf dem Gefahrenabwehrportal bei aktuellen Schadenslagen oder im Rahmen der Risikokommunikation, beispielsweise im Vorfeld von biologischen Lagen (Pandemie) oder krisenkommunikativ zum nuklearen Katastrophenschutz im Kreis Bergstraße nach dem Ereignis von Fukushima. Für eine direkte Ansprache der Bevölkerung wird ebenfalls das Webportal genutzt, hier werden in einem offenen Zugriff für die Bevölkerung Notfallpläne, Selbstschutzmaßnahmen und allgemeine Informationen zum Katastrophenschutz (auch zum nuklearen Katastrophenschutz) eingestellt und weiterführende Informationsmöglichkeiten vermittelt. Über Kontaktdaten kann der Bürger auch mit „seiner Katastrophenschutzbehörde" in Kontakt treten und so ein Dialog mit dem Bürger angestoßen und Rückkopplungen ermöglicht werden. Diese Möglichkeit wurde vor allem nach dem Ereignis von Fukushima genutzt, wo die Bevölkerung über ein Informationstelefon Kontakt zur Behörde aufgenommen hat[103], oder direkte persönliche Gespräche in der Behörde stattfanden und Bürgerversammlungen auf kommunaler Ebene für den Dialog mit der Bevölkerung genutzt worden sind.

Im Einsatzfall erfolgt eine zeitgerechte Bereitstellung notwendiger Warn- und Verhaltenshinweise als „digitales Bürgertelefon" für die Bevölkerung (beispielsweise Darstellung der aktuellen Hochwasserlage im Kreis Bergstraße und der Entwicklungsprognose der Pegelstände, Abb. 8) verbunden mit sachgerechten Hintergrundinformationen.

---

[103] Hier dominierten vor allem Fragen über die Ausbreitung radioaktiver Luftmassen und Aktivitätskonzentrationen, aber auch zur Gefahrenabwehrplanung im Umfeld des KKW Biblis.

Nach erfolgter Warnung der Bevölkerung bietet das Portal eine geeignete Informationsquelle, besonders bei zeitlich eher langsam ablaufenden Ereignissen wie Hochwasser- oder Pandemielagen (mit dem Nachteil der generationenabhängigen Nutzung des Internets und des unbestimmten Empfängerkreises, so kann nicht die gesamte Bevölkerung mit ihren Subgruppierungen und ihrer Inhomogenität erreicht werden. Auch gehört das Internet zu den mit betroffenen Bereich bei einem Ausfall der kritische Infrastruktur „Strom").

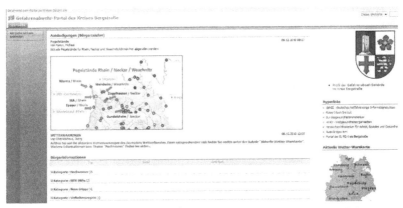

Abb. 11: Portalseite „Bevölkerung": Öffentlich abrufbare Pegelstände während einer Hochwasserlage- per Mausklick zu Pegelstand und Prognose

11.6   Formen der behördlichen Krisenkommunikation

Die Formen und Möglichkeiten der behördlichen Krisenkommunikation sind im „Leitfaden zur Information der Öffentlichkeit in kerntechnischen Notfällen" dargestellt und ereignisunabhängig auch für nicht-nukleare Lagen realisierbar[104]:

- „Amtliche Mitteilungen"
- „Presseerklärungen"
- „Pressekonferenzen"
- „Interviews (Radio, Fernsehen, Telefon, Printmedien)"
- „Besuche des Ereignisortes / des Katastrophengebietes"
- „Internet"
- „E-Mail (Newsletter)"

---

[104] SSK [2007], S. 25 ff.

- „Diskussionsrunden und Medienauftritte"
- „Bereitstellung von Hintergrundinformationen"

11.7 Vorbereitung der behördlichen Krisenkommunikation

Behördliche Krisenkommunikation wird expertenbasiert stattfinden, so werden bei kerntechnischen Zwischenfällen durch die Fachberater Strahlenschutz Lagebewertungen, Empfehlungen und Prognosen zur radiologischen Lage formuliert und behördlicherseits zielgruppenorientiert kommuniziert. Eine Vernetzung der Krisenstäbe führt zu einem gemeinsamen Lagebild auf horizontaler und vertikaler Ebene der Stäbe, die Vernetzung der Stabsfunktionen „S5" zu einem gemeinsamen Kommunikationsinhalt in der Krisenkommunikation. Im Stab selbst erfolgt die Sichtung, Einordnung, Koordinierung, Verdichtung und Aufbereitung der Informationen für die Krisenkommunikation und die Kommunikation in der Krise durch die Stabsfunktion „Informationsmanagement" mit den Aufgaben:

- Visualisierung von Informationen und zielgerichtete Bereitstellung von Informationen für einen definierten Nutzerkreis (Entscheidungsträger, politisch Verantwortliche, angeschlossene Stäbe etc.)
- Beurteilung der Informationsquellen (Aussagewert, Glaubwürdigkeit, Relevanz)
- Vernetzung der Stabsfunktion „S2" (Lage), „S5" (Presse und Öffentlichkeitsarbeit) und der Aufgabe „Information der Bevölkerung": Vermittlung einer gemeinsame Lage für die Bevölkerung, Medien und Gefahrenabwehrkräfte
- Verbindung zu externen Staben und Dienststellen

11.8 Durchführungsgrundsätze der behördlichen Krisenkommunikation

Für die Durchführung der behördlichen Krisenkommunikation gelten die Grundsätze (…) Offenheit, Ehrlichkeit und Glaubwürdigkeit, sowie ein offensiver, kooperativer Umgang mit Medien (…)"[105,106], das bedeutet[107]:

- Warnung der Bevölkerung u.a. über die Medien (in einer Akutphase, wenn notwendig)

---

[105] Jachs [2011], 269

[106] BBK [2010b], 146

[107] BBK [2010a], S. 53; BBK [2010b], S. 146 ff.; Peters, H.P. [2007], S. 23 ff., BMI [2008], S. 28 ff.

- „one voice policy" der beteiligten Stellen durch vorgeplante Koordinierung (der zuständigen Bundes-, Landes-, Regional-, Kreis- und Kommunalbehörden, Vermeidung eines „Kommunikationsföderalismus")

- „Gesicht in der Krise" festlegen (regional im Regelfall politisch Verantwortlicher, z.b. Gefahrenabwehrdezernent, Landrat, abhängig von Gegenstand und Umfang der Krisenkommunikation gestaffelt nach Kreis-, Landes-, Bundesebene)

- unverzüglich und sachgerecht über Ursachen, Auswirkungen und Folgen einer Krise informieren

- keine Spekulationen / keine Gerüchte / keine Versprechungen / keine Lügen

- fehlende Erkenntnisse mitteilen und Fehler zugeben

- Vertrauen in das Krisenmanagement schaffen „we take care"

- Information über die Gefahrenabwehrmaßnahmen

- Informationen über den Einsatzverlauf

- Lageentwicklung aufzeigen

- Prognosen als solche kennzeichnen und erläutern (z.B.. radiologische Lagen, Hochwasserlagen)

- Ausbreitungsmodelle, Theorien und Referenzwerte erläutern und Vergleichbarkeit herstellen

- Antworten zu FAQ (Frequently Asked Questions)

- Verhaltensratschläge vermitteln

- Zielgruppenorientierung / Mehrsprachlichkeit berücksichtigen (interkulturelle Kommunikation), keine Technokratensprache

- Selbsthilfemöglichkeiten aufzeigen

- Informationsmöglichkeiten benennen (z.B. Verweis auf Webportal), Bürgertelefone („D 115", vorbereitete Telefonnummern) etc.

- regelmäßige Information der Medien

- Medienberichterstattung analysieren (zur Evaluation der Krisenkommunikation)

12   Die Medien in der Risiko- und Krisenkommunikation

12.1   Bedeutung der Medien

Die Kommunikatoren der Risiko- und Krisenkommunikation benötigen ein „Transportmittel" für ihre Botschaften, hierbei es gibt keine Monopolstellung in der Ausgestaltung und Verteilung der Informationen durch die Kommunikatoren. Eine durch die Gefahrenabwehr initiierte Kommunikation (unidirektional) durch Lautsprecherdurchsagen,

Alarm-SMS oder Warnsignale (beispielsweise Sirenenalarmierung durch gesondertes Signal in der Umgebung von Kernkraftwerken) stellen die Ausnahme dar und betreffen auch nur die Funktion „Warnung der Bevölkerung" der Kommunikation in der Krise. Die Medien nehmen in der Kommunikation von Risiko- und Krisen eine dominierende Rolle ein, Kommunikation in der Gesellschaft wird durch Massenmedien vermittelt und nicht in direkten Interaktionen[108]. Krisensituation können durch die Medien verstärkt aber auch abgeschwächt werden (es wird nicht nur das Bild der Krise vermittelt, sondern auch die Reaktionen und Aktionen der Behörden und der Gefahrenabwehr und diese werden bewertet). Keine oder eine unzureichende Kommunikation verstärkt Krisen[109], so werden 90% aller Risiken medial vermittelt[110] und für die Risiko- und Krisenkommunikation gilt: „(...) die Top-down Kommunikation eines beschützenden und um Kontrolle bemühten Staates funktioniert in der heutigen, pluralen Öffentlichkeit nicht mehr. Strategische Behördenkommunikation, die „Aufregungsschäden" vermeiden will, löst in der Bevölkerung eher Misstrauen aus (...)"[111]. Der Begriff „Medien" umfasst hierbei unterschiedliche Zeitbereiche der Berichterstattung (Abb. 5), von den klassischen Printmedien bis zur Bild- und Tonberichterstattung in „Echtzeit", Katastrophen finden „live" statt. Onlineredaktionen der Printmedien ermöglichen eine „Vorwegberichterstattung" zur Tages- oder Wochenzeitung und puffern so den systematisch bedingten Zeitverlust der gedruckten Nachrichten. Die Möglichkeiten des Internets ergänzen Radio, Fernseh- und gedruckte Berichte, die Medien werden zu „Massenmedien"[112] und betreiben eine unidirektionale globale „Massenkommunikation". Mit der Schnelligkeit der Netzwerke und dem Web 2.0 wird kann jeder Nutzer über Videoportale und Blogs Nachrichten einstellen, mit problematischer Quellenlage und Einordnung der Informationen. Gleichzeitig unterliegen die getroffene Aussagen auch einer „sozialen Kontrolle" durch Erlebnisberichte, Fotos und Videos in den sozialen Online-Netzwerken wie „Facebook", „Youtube", „Twitter" und „Blogger" – mögliche Unwahrheiten behördlicher Kommunikation können entlarvt und Vertrauen verspielt werden.

---

[108] Ruhrmann, G.; Kohring, M. [1996], S. 68
[109] Reichenbach, G. et al [2008],S. 26
[110] Beck, M.-L. [2011], S. 4
[111] ebd., S. 5
[112] Wenzel, H. [2007], S. 427: „(...) Der Begriff „Masse" wird soziologisch neutral verwendet, d.h. in dem Sinn, dass Massenmedien technische Mittel der Adressierung von Kommunikation an Öffentlichkeit(en) mit Breitenwirkung sind" (...).

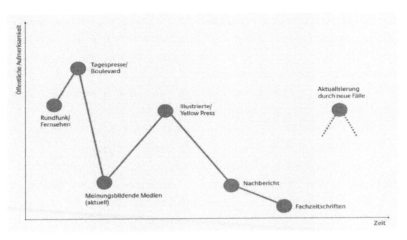

Abb. 12: Krisenverlauf in den Medien (BMI 2008, S.27)

12.2 (Massen)mediale Kommunikation im Krisenfall (Katastrophe)

Wenzel zeigt aufgrund der Flutwellenkatastrophe 2004 in Südostasien mehrere Grund-
tatsachen massenmedialer Kommunikation auf[113]:

- Massenmedien sind real, die Nachricht von der Flutkatastrophe erreichte einen
  großen Teil der Weltöffentlichkeit

- aus der Rezeption der Medienbotschaft erwächst eine starke Medienwirkung,
  hier wurde direkt zu Spenden und tätiger Hilfe motiviert („Bewirkung von Hand-
  lung")

- die Technik des Massenmediums präferiert eine bestimmte Art von Botschafts-
  übermittlung („Fernsehen gibt dem bildhaftem den Vorzug"), die privaten Fern-
  sehsender haben mehr Zerstörungsbilder und Amateurvideos gezeigt als öf-
  fentlich-rechtliche Sender: Dramatisierung der Leidensschicksale, vor allem der
  Touristen.

- soziologisch betrachtet haben die Massenmedien „(...) auch das Mitleiden organisiert, in dem sie das Drama vieler einzelner Schicksale am Ort der Katastrophen gezeigt und der Hilfsbereitschaft der Zuschauer eine Richtung gegeben haben (...)".

---

[113] Wenzel, H. [2007], S. 423 ff.

Raupp erkennt in der Medienberichterstattung eine „(…) spezifische Medienlogik: „Ereignisse oder Sachverhalte werden vereinfacht, personalisiert, emotionalisiert und dramatisiert. Zahlen, Bilder und so genannte Einzelschicksale bringen die berichteten Sachverhalte dem Medienpublikum näher (…)"[114].

Ruhrmann und Kohring beschreiben den Ablauf journalistischer Berichterstattung in Katastrophen nach folgendem Muster[115]:

- bevorzugte Suche nach offiziellen (staatlichen) Quellen für erste Informationen
- Kontrastierung der offiziellen Informationen mit anderen Quellen
- Vernachlässigung wissenschaftlicher Kriterien

Die Akzeptanz behördlicher Kommunikation in Katastrophen wird durch Beschwichtigung und zurückhaltende Informationen gefährdet, es entwickelt sich journalistisches Misstrauen und offizielle Informationen werden mit nicht behördlichen Informationen verglichen, überprüft und bewertet[116].

Von ihnen wird aber auch aufgeführt, das Journalisten durch ihre Berichterstattung zu einer Wiederherstellung der sozialen Ordnung beitragen, ausgewogen berichten und sensationalistische Berichterstattung die Folge mangelnder staatlicher Informationspolitik sei. Sie ordnen der Kommunikationsbeziehung des Krisenmanagements zu den Massenmedien kommt eine sehr hohe Priorität zu. Quarantelli formulierte „(…) denn auch der Mensch reagiert nur dann richtig, wenn er richtig behandelt wird. Je mehr Informationen er hat, umso besser. Sie müssen aus Quellen stammen, denen er glaubt (…) Informationen müssen glaubwürdig sein und dürfen sich nicht widersprechen (…)"[117]. Als Beispiel für eine schlechte Information der Bevölkerung beschreibt er die privaten Wetterdienste in den USA „(…) Die sagen die irrsten Sachen voraus und der Nächste sagt etwas anderes. Dann reagieren die Leute meist gar nicht mehr (…)"[118]. Radio und Fernsehen übernehmen eine Funktion als flächendeckendes Warnsystem[119], sie können sie z.B. bei Hochwasser und Unwetterlagen durch zusätzliche Informationsübertragung Bestandteil des Katastrophenmanagements werden.

---

[114] http://www.zukunftsforum-oeffentliche-sicherheit.de/downloads/ZOES-9-Raupp_Thesen.pdf
Internetabruf am 16.04.2012 um 08:13 Uhr

[115] Ruhrmann, G.; Kohring, M. [1996], S. 69

[116] ebd., S. 71

[117] Steinberger, K. [2006], S. 3

[118] ebd., S. 3

[119] Peters, H.-P. [2007], S. 27

12.2.1 Fukushima – ein Krisenfall und die Medien

Der Strahlenunfall von Fukushima 2011 zeigte die mögliche Wirkung der Medien auf die Bevölkerung besonders deutlich, eine technische Katastrophe, die in ihrer Einschätzung und Bewertung Expertenwissen erfordert, wurde medial so aufbereitet, dass sie „(…) in ihrer Gesamtheit zu einem nahezu restlos unkanalisierten Informationsfluss – und zuweilen auch – überfluss – geführt hat. Diese Reizüberflutung mit Sondersendungen auf nahezu allen Kanälen, mit der Wiederholung der gleichen Bilder in Endlosschleifen und die Sichtweisen unterschiedlichster Experten haben es dem mündigen Bürger nicht leichtgemacht , sich eine eigene Meinung zu bilden (…)"[120] – ein Beispiel für die Problematik der Experten – Laien Kommunikation unter Einfluss der Massenmedien und einer mangelhaften   Krisenkommunikation im nuklearen Katastrophenschutz. Hier beschreibt Stange auch die Situation „(…) das „Experten" Interviews gaben, die teilweise sachlich unhaltbare Thesen vertreten haben, so dass man den Eindruck einer herbeigeredeten Katastrophen gewinnen konnte (…)"[121]. Die Überprüfung und Verwertung des Gesagten durch den Empfänger erscheint im Umfeld naturwissenschaftlicher Katastrophenereignisse problematisch. Dombrowsky beschreibt hier einen „sekundären Analphabetismus", in dem die elementaren Zusammenhänge der modernen Physik, Chemie und Biologie nicht erkennbar und nachvollziehbar sind[122]. Die vermittelten Informationen können durch den Empfänger nicht eingeordnet und bewertet werden, hier schafft auch die Experten – Laien Kommunikation kaum Lösungen - die „Technokratensprache" des Experten kann nicht decodiert werden. Kraus sieht nach dem Ereignis von Fukushima die Einordnung der Behörden in der Medienakzeptanz als indifferent: „Gelten nicht unabhängig, befangen, Büttel der Industrie" sie seien „zum Teil politisch gebunden und durch Loyalitätskonflikte" geprägt. Ihnen gegenüber mit hoher Medienakzeptanz stünden die „unabhängigen Experten", deren „moralische Entrüstung fachliche Kompetenz ersetzt" und zu spektakulären Schlagzeilen führen würde. Tatsächliche Experten der Strahlenschutzfachverbände, Hochschulen etc. seien durch die Medien nicht gehört worden[123].

[120] Meineke, V. [2012], S. 60
[121] Stange, K.-L. [2012], S. 113
[122] Dombrowksy, W. [2007], S. 265
[123] Kraus, G. [2011]: Fukushima / Japan 11.03.2011 - Grenzüberschreitender Verkehr und Empfehlungen an die Bevölkerung, in: Fachverband für Strahlenschutz, Symposium „Ein Jahr nach Fukushima", 08.03.2012 (Mainz), http://www.fs-jahrestagung.de/Web/start.php , Folie 20, Internetabruf am 23.04.2012 um 10:53 Uhr

13   Zusammenfassung und Ausblick

Behördliche Risiko- und Krisenkommunikation wird der Bevölkerung überwiegend durch die Medien oder vereinzelt über behördliche Kommunikationsstrukturen vermittelt (Webportal, Broschüren, Faltblätter etc.). Hierbei wird massenmedial vorwiegend unidirektional kommuniziert, Rückkopplungen der Bevölkerung mit der Intention eines Dialoges sind eher in Ausnahmenfällen möglich und kapazitätsbedingt kaum vorgesehen. Aufbauend auf den Kommunikationstheorien von Watzlawick und Schulz von Thun erfordert die behördliche Kommunikation Eindeutigkeit, muss aber Inhomogenität und Subgruppierungen der Bevölkerung berücksichtigen. „Leitfragen" spiegeln hierbei das Informationsgrundbedürfnis der Bevölkerung und vor allem der Betroffen wider, sie ermöglich eine Orientierung in der „äußeren" behördlichen Kommunikation. Seitens des Verfassers wird Einrichtung einer webportalbasierten Gefahrenabwehr als Informations- und Kommunikationsplattform für die Bevölkerung, die Medien und behördliche Nutzergruppen (Führungsstäbe, Fachbehörden etc.) als Lösungsvorschlag für behördliche Risikokommunikation, Krisenkommunikation und „Kommunikation in der Krise" angesehen. Die Nutzung eines Webportals für die „äußere" und „innere" Kommunikation kann neue Wege im Kommunikationsablauf erschließen, ist aber abhängig von der kritischen Infrastruktur „Stromausfall" und wird seitens der Bevölkerung vorwiegend durch internetaffine Nutzergruppen kontaktiert werden. Für die „Experten-Experten" Kommunikation in der Krise eröffnet sich hier eine umfassende Vernetzung der unterschiedlichen Führungsgremien auf horizontaler und vertikaler Ebene. In der nachfolgenden Projektarbeit werden die praktischen Umsetzungsmöglichkeiten sowie weitere bestimmende Elemente vorgestellt (u.a. Informationsmanagement in der Gefahrenabwehr, Warnung der Bevölkerung als Ergänzung der Risiko- und Krisenkommunikation, Informationsverhalten im World Wide Web).

Quellenverzeichnis

Badke-Schaub, Petra [2005]: Kommunikation in kritischen Situationen, in: Hofinger, Gesine (Hrsg.), Kommunikation in kritischen Situationen, Frankfurt/Main

Beck, Marie-Luise [2011]: Staatliche Risikokommunikation - zwischen Transparenz und Kontrolle, in: Notfallvorsorge, 04/2011, Regensburg

Böschen Stefan; Dressel, Kerstin; Schneider, Michael; Viehöver, Willy [2002]: Pro und Kontra der Trennung von Risikobewertung und Risikomanagement, Büro für Technik-folgen-Abschätzung beim Deutschen Bundestag (TAB) (Hrsg.), Berlin

Bräuer, Michael [2011]: Befehle und Kommandos – Kommunikation im Einsatz, in: Brandschutz 07/2011, 517 ff, Stuttgart

Brunner, Reinhard; Zeltner, Wolfgang [1980]: Lexikon zur Pädagogischen Psychologie und Schulpädagogik, München

Buerschaper, Cornelius [2005]: Handlungsregulation und Kommunikation, in: Hofinger, G. (Hrsg.), Kommunikation in kritischen Situationen, Frankfurt/Main

Bundesamt für Bevölkerungsschutz und Katastrophenhilfe (BBK) [2010]: Methode für die Risikoanalyse im Bevölkerungsschutz, Bonn

Bundesamt für Bevölkerungsschutz und Katastrophenhilfe (BBK) [2010a]: Drei Ebe-nen, ein Ziel: BEVÖLKERUNGSSCHUTZ – gemeinsame Aufgabe von Bund, Ländern und Kommune, Bonn

Bundesamt für Bevölkerungsschutz und Katastrophenhilfe (BBK) [2010b]: Nationales Krisenmanagement im Bevölkerungsschutz, Bonn

Bundesamt für Bevölkerungsschutz und Katastrophenhilfe (BBK) [2011]: BBK-Glossar - Ausgewählte zentrale Begriffe des Bevölkerungsschutzes, Bonn

Bundesinstitut für Risikobewertung (BfR) [2008]: Epp, A.; Hertel, R.; Böl, G.-F. (Hrsg.): Formen und Folgen behördlicher Risikokommunikation,

Bundesministerium des Inneren (BMI) [2008]: Krisenkommunikation – Leitfaden für Behörden und Unternehmen, Berlin

Bundesministerium für Bildung und Forschung (BMBF) [2009]: Forschung für die zivile Sicherheit – Schutz und Rettung von Menschen, Bonn / Berlin

Dickmann, Petra; Wildner, Manfred; Dombrowsky, Wolf R. [2007]: Risikokommunikation, in: Biologische Gefahren I – Handbuch zum Bevölkerungsschutz, Bundesamt für Bevölkerungsschutz und Katastrophenhilfe (Hrsg.), Bonn

Dombrowsky, Wolf R.; Brauner, Christian [1996]: Defizite der Katastrophenvorsorge in Industriegesellschaften am Beispiel Deutschlands - Untersuchungen und Empfehlungen zu methodischen und inhaltlichen Grundsatzfragen. Ein Gutachten, Deutsches IDNDR-Komitee für Katastrophenvorbeugung e.v. (Hrsg.), Bonn

Dombrowsky, Wolf R.; Horenczuk, Jörg; Streitz, Willy [2003]: Erstellung eines Schutzdatenatlasses, in: Bundesamt für Zivilschutz (Hrsg.): Zivilschutzforschung Bd. 51. Schriftenreihe der Schutzkommission beim Bundesminister des Innern, Bonn.

Dombrowsky, Wolf R. [2007]: Information der Öffentlichkeit, in: Notfallschutz bei Schadenslagen mit radiologischen Auswirkungen. Klausurtagung der Strahlenschutzkommission 10./11. November 2005. Veröffentlichungen der Strahlenschutzkommission Band 60, Hrsg. v. Bundesministerium für Umwelt, Naturschutz und Reaktorsicherheit, Berlin

Dorsch, Friedrich et al [1987]: Dorsch psychologisches Wörterbuch, Bern, Stuttgart, Toronto

Epp, Astrid; Hertel, Rolf; Böl, Gaby-Fleur (Hrsg.) [2008]: Formen und Folgen behördlicher Risikokommunikation, Berlin

Goersch, Henning G.; Werner, Ute [2012]: Kommunikationsannahmen und –konzepte, in: BBK - Forschung im Bevölkerungsschutz, Band 15, Empirische Untersuchung der Realisierung von Maßnahmen zur Erhöhung der Selbstschutzfähigkeit, Bonn

Graeger, Arvid; Cimolino, Ulrich et al [2003]: Kommunikation an der Einsatzstelle, in: Einsatz- und Abschnittsleitung – das Einsatzführungssystem, Landsberg

Hehlmann, Wilhelm [1965]: Wörterbuch der Pädagogik, Stuttgart

Hessisches Gesetz über Freiheit und Recht der Presse - Hessisches Pressegesetz (HpresseG) [2010], http://www.rv.hessenrecht.hessen.de/jportal/portal/t/1078/ page/bshesprod.psml?doc.hl=1&doc.id=jlr-PresseGHErahmen%3Ajuris-r00&document number=1&numberofresults19&showdoccase=1&doc.part=R&paramfromHL=true# focuspoint , Internetabruf am 12.04.2012 um 11:32 Uhr

Hofinger, Gesinde [2012]: Kommunikation, in: Badke-Schaub, Petra; Hofinger, Gesine; Lauche, Kristina (Hrsg.): Human Factors – Psychologie sicheren Handelns in Risiko-branchen, Berlin-Heidelberg

Jachs, Siegfried [2011]: Einführung in das Katastrophenmanagement, Hamburg

Koob, Heribert [2010]: Planung, Durchführung und Auswertung der Übung „Biblis 2008", in: Bayer, Anton et al (Hrsg.): Übungen zum Radiologischen und nuklearen Notfallschutz , – Planung – Durchführung – Auswertung, Köln

Katastrophenforschungsstelle der Christian-Albrechts-Universität Kiel (KFS) [2007]: Entwicklung alternativer, situationsangemessener Kommunikationsstrategien für den nuklearen Notfallschutz einschließlich eines web-basierten Informations- und Kommunikationsforums auf der Grundlage einer empirischen Erhebung realer Ereig-niskommunikation, Bundesministerium für Umwelt, Naturschutz und Reaktorsicherheit (Hrsg.), Bonn

Krcmar, Helmut [2005]: Informationsmanagement, Berlin, Heidelberg, New York

Kraus, Gerald [2011]: Fukushima / Japan 11.03.2011 - Grenzüberschreitender Verkehr und Empfehlungen an die Bevölkerung, in: Fachverband für Strahlenschutz, Symposi-um „Ein Jahr nach Fukushima", 08.03.2012 (Mainz), http://www.fs-jahrestagung.de/Web/start.php , Internetabruf am 23.04.2012 um 10:53 Uhr

Meineke, Viktor [2012]: Nach dem Strahlenunfall in Fukushima – Ein Beitrag zur Aufar-beitung der „Lessons Learn", in: Strahlenschutzpraxis, Organ des Fachverbandes für Strahlenschutz, 01/2012, Köln

Münker-Kramer, Eva [2006]: Bewältigung von Natur- und Umweltkatastrophen – Psychologische Aspekte, in: Wissenschaft & Umwelt, Wien

Oberkinkhaus, Jörg; Neuhauser, Stefan [1997]: Gemeinsame Einsatzstrategien von Feuerwehr und Rettungsdienst bei PKW-Unfällen, in: Rettungsdienst 05/97, Edewecht

Oberkinkhaus, Jörg et al [2008]: Etablierung eines Webportals „Gefahrenabwehr" im Landkreis Bergstraße – Informationsplattform für Bevölkerung, Presse und Behörden, Posterpräsentation, 9.Forum Katastrophenvorsorge, Offenbach 21./22.11.2008.

Oberkinkhaus, Jörg; Koob, Heribert; Müller, Manfred [2009]: Katastrophenschutzübung „Biblis '08": Kommunikation und Kooperation gegen nuklearen Katastrophenfall, in: Im Einsatz, Edewecht

Oberkinkhaus, Jörg; Koob, Heribert [2010]: Etablierung eines Webportals „Gefahrenabwehr": Plattform für Bevölkerung, Presse und Behörden, in: Im Einsatz 06/2010, Edewecht

Österreichisches Rotes Kreuz (ÖRK): Team Österreich (Kooperationsprojekt von „Hitradio Ö3" und dem ÖRK), http://apps.teamoesterreich.at/, Internetabruf am 19.04.2012 um 13:48 Uhr

Payr, Martina [2006]: Wissenshandlungsfelder – Ganzheitliches Wissensmanagement an der Universitätsbibliothek Wien, Master Thesis Universität Wien

PDV/DV 810: Polizeidienstvorschrift / Dienstvorschrift 810, Dienstvorschrift für den Fernmeldebetriebsdienst, Mainz

Perry, Ronald W. [1983]: Standhalten oder Weichen? Reaktionsweisen von Bürgern bei Natur- und Nuklearkatastrophen, in: Clausen, Lars; Dombrowsky, Wolf R.: Einführung in die Soziologie von Katastrophen, Bundesamt für Zivilschutz (Hrsg.), Zivilschutzforschung Band 14

Peters, Hans-Peter [2007]: Die Rolle der Medien in der Krisenkommunikation, in: Notfallvorsorge, 04/2007, Regensburg

Plapp, Tina S. [2003]: Wahrnehmung von Risiken aus Naturkatastrophen – Eine empirische Untersuchung in sechs gefährdeten Gebieten Süd- und Westdeutschlands, Dissertation, Universität Fridericana zu Karlsruhe

Raupp, Juliana [2010]: Thesen zur Krisenkommunikation, Vortrag auf dem Zukunftsforum öffentliche Sicherheit am 25.02.2010: http://www.zukunftsforum-oeffentliche-sicherheit.de/downloads/ZOES-9-Raupp_Thesen.pdf Internetabruf am 16.04.2012 um 08:13 Uhr

Rechenbach, Peer [2010] "Informationsmanagement in Stäben: Wünsche-Möglichkeiten-Grenzen", Vortrag 2. Ahrtaler Bevölkerungsschutztage am 23.11.2010 in 53474 Bad Neuenahr-Ahrweiler. Internetabruf am 29.03.2012 um 21:14 Uhr: http://www.bbk-virtuelle-aknz.de/goto.php?target=file_10221&client_id=BBKILIAS

Reichenbach, Gerold; Göbel, Ralf; Wolff, Hartfried; Stokar von Neuforn, Silke (Hrsg.) [2008]: Risiken und Herausforderungen für die öffentliche Sicherheit in Deutschland, Szenarien und Leitfragen, Grünbuch des Zukunftsforums öffentliche Sicherheit

Reinwarth, Ralph [2005]: Kommunikation in die Krise, in: in: Hofinger, G. (Hrsg.), Kommunikation in kritischen Situationen, Frankfurt/Main

Ruhrmann, Georg; Kohring, Matthias [1996]: Staatliche Risikokommunikation bei Katastrophen – Informationspolitik und Akzeptanz, in: Bundesamt für Zivilschutz (Hrsg.), Zivilschutzforschung Neue Folge, Band 27

RWE Power AG, Kraftwerk Biblis [2008]: Notfallschutz für die Umgebung des Kernkraftwerkes Biblis – eine Broschüre zur Information der Bevölkerung, abgestimmt mit den zuständigen Behörden der Länder Hessen und Rheinland-Pfalz"

Schulz v. Thun, Friedemann [1981]: Miteinander Reden 1 – Störungen und Klärungen, Reinbek.

SSK, Strahlenschutzkommission beim Bundesamt für Strahlenschutz [2008]: Rahmenempfehlungen für den Katastrophenschutz in der Umgebung kerntechnischer Anlagen, Bonn

SSK, Strahlenschutzkommission beim Bundesamt für Strahlenschutz [2007]: Leitfaden zur Information der Öffentlichkeit in kerntechnischen Notfällen – Empfehlung der Strahlenschutzkommission, Bonn

SKK, Ständige Konferenz für Katastrophenvorsorge und Katastrophenschutz [2003]: Wörterbuch des Zivil- und Katastrophenschutzes, Bonn

Stange, Karl-Ludwig [2012]: Nachrichten des Fachverbandes für Strahlenschutz, in: Strahlenschutzpraxis, Organ des Fachverbandes für Strahlenschutz, 01/2012, Köln

Steinberger, Karin [2006]: Und täglich grüßt Kassandra, in: Süddeutsche Zeitung, 29.-30.04.06, München

Stillig, Volker [2010]: Internationale Aspekte der Risikokommunikation: Untersuchungen über den Zustand der (grenzüberschreitenden) Risikokommunikation ausgewählter Gebietskörperschaften in Deutschland und den Niederlanden, Masterarbeit, Rheinische Friedrich-Wilhelm-Universität Bonn

Störfallverordnung (StörfallV), [2005]: 12. Verordnung zum Bundes-Immissionsschutzgesetz, in: Bundesgesetzblatt Jahrgang 2005, Teil I Nr. 33, S. 1598: Bekanntmachung der Neufassung der Störfallverordnung vom 08. Juni 2005

Ulbig, Ellen; Hertel, Rolf F.; Böl, Gaby-Fleur (Hrsg.) [2010]: Kommunikationsmodelle, -strategien und –verfahren, in: Kommunikation von Risiko und Gefährdungspotenzial aus Sicht unterschiedlicher Stakeholder, Berlin

Unger, Christoph; Weber, Elena [2011]: Risikokommunikation und Selbsthilfe: Es ist nie zu früh (spät) zu lernen, wie man sich selbst schützt, in: Thomann, Hermann J.; Dechamps, Axel; von Waldenburg-Zeil, Clemens (Hrsg.): Schriften zur Zukunft der öffentlichen Sicherheit, Risiko- und Krisenkommunikation, Köln

Watzlawick, Paul; Beavin, Janet; Jackson, Don D. [2007]: Menschliche Kommunikation – Formen, Störungen, Paradoxien, 11. unveränderte Auflage, Bern

Weischede, Friedrich. [2009]: Das Übertragungsmodell der Informationstheorie, in: Soziale Kommunikation, Steinbeis Hochschule Berlin, Arbeitskreis TDR (Hrsg.), Stuttgart / Berlin

Weis, Christian [2009]: Marketing, in: Olfert, Klaus (Hrsg.) Kompendium der praktischen Betriebswirtschaft, Ludwigshafen

Wenzel, Harald [2007], Medien und Massenkommunikation, in: Joas, Hans (Hrsg.). Lehrbuch der Soziologie, Frankfurt/New-York

Wieczorrek, Yvonne; Vogt, Reinhard [2005]: Warnung bei Naturgefahren – praktische Umsetzung der Maßnahmen, in: Stiftung Umwelt und Schadensvorsorge (Hrsg.): Naturgefahren und Kommunikation, Symposium der Stiftung Umwelt und Schadensvorsorge am 04. und 05. April 2005 in Neuhausen bei Stuttgart, München

Wiedemann, Peter M. [1999]: Risikokommunikation: Ansätze, Probleme und Verbesserungsmöglichkeiten, Forschungszentrum Jülich (Hrsg.), Arbeiten zur Risikokommunikation, Heft 70, Jülich

Wittmann, Waldemar [1959]: Unternehmung und unvollkommene Information, Köln